多寶塔感應碑

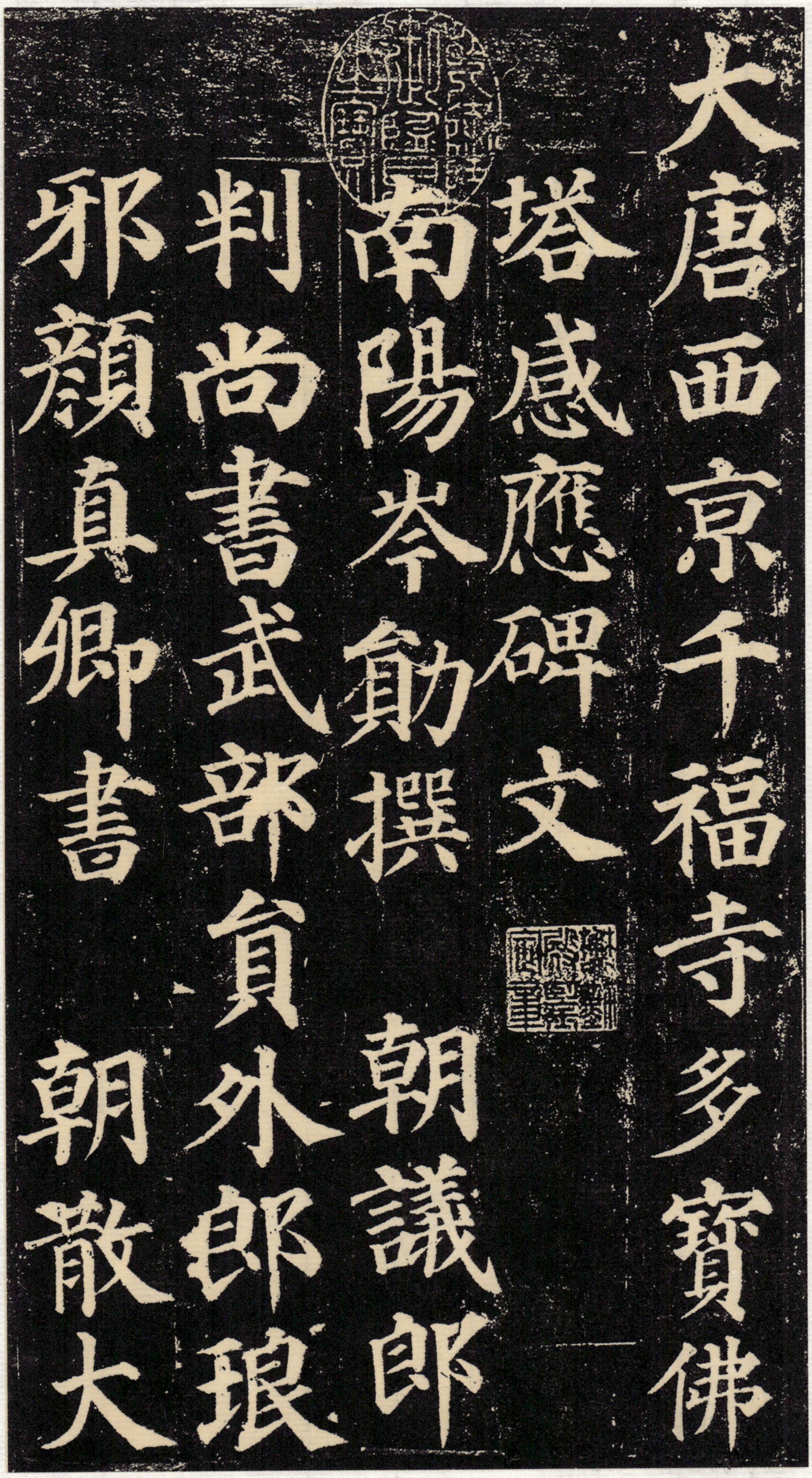
大唐西京千福寺多寶佛塔感應碑文
南陽岑勛撰
朝議郎判尚書武部員外郎琅邪顏真卿書
朝散大

大唐西京千福寺多寶佛塔感應碑文。南陽岑勛撰。朝議郎判尚書武部員外郎琅邪顏真卿書。朝散大

夫撿校尚書都官郎中東海徐浩題額
粵妙法蓮華諸佛之秘藏
也多寶佛塔證經之踴現
也發明資乎十力弘建在

夫撿校尚書都官郎中東海徐浩題額。
粵妙法蓮華，諸佛之秘藏也。多寶佛塔，證經之踴現也。發明資乎十力，弘建在

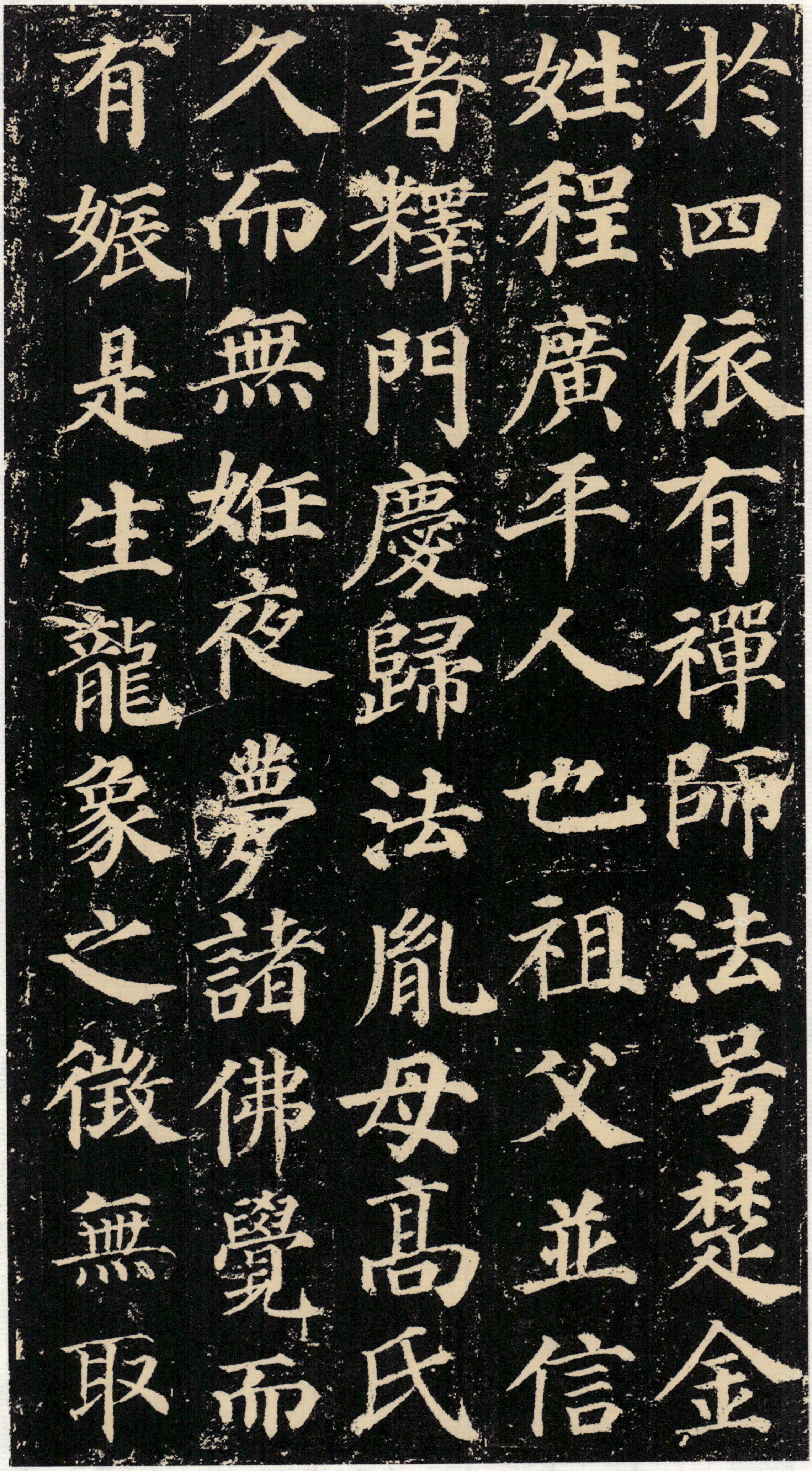

於四依。有禪師法号楚金，姓程，廣平人也。祖、父並信著釋門。慶歸法胤。母高氏，久而無妊，夜夢諸佛，覺而有娠，是生龍象之徵，無取

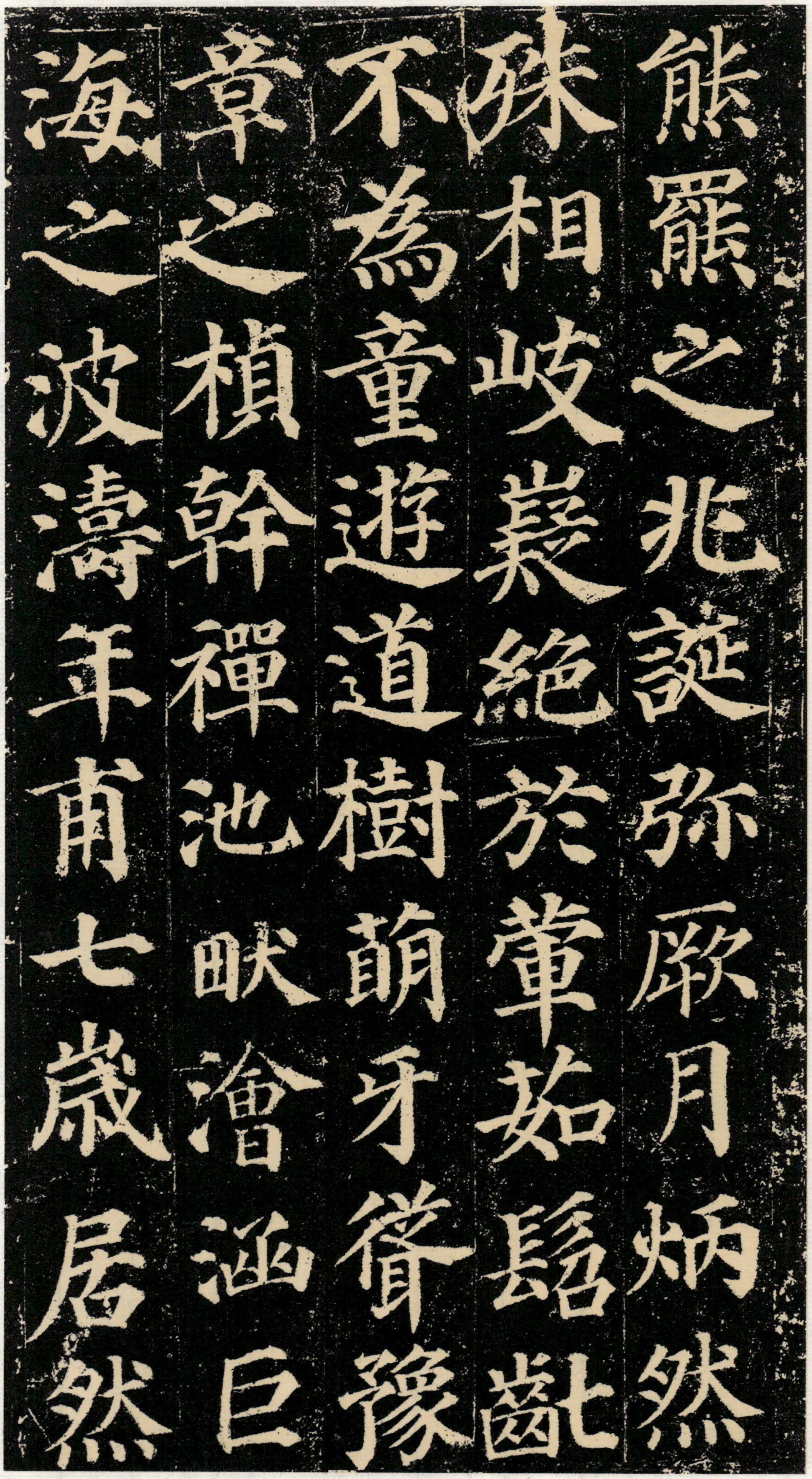

熊羆之兆。誕弥厥月，炳然殊相，岐嶷絶於葷茹，髫齔不爲童遊。道樹萌牙，聳豫章之楨幹；禪池畎澮，涵巨海之波濤。年甫七歲，居然

猒俗自誓出家禮藏探經
法華在手宿命潛悟如識
金環總持不遺若注瓶水
九歲落髮住西京龍興寺
從僧籙也進具之年昇座

厭俗，自誓出家。禮藏探經，法華在手。宿命潛悟，如識金環；總持不遺，若注瓶水。九歲落髮，住西京龍興寺，從僧籙也。進具之年，昇座

講法頓收珎藏異窮子之
疾走直詣寶山無化城而
可息尒後因靜夜持誦至
多寶塔品身心泊然如入
禪定忽見寶塔宛在目前

講法。頓收珍藏，異窮子之疾走；直詣寶山，無化城而可息。尔後因静夜持誦，至《多寶塔品》，身心泊然，如入禪定。忽見寶塔，宛在目前。

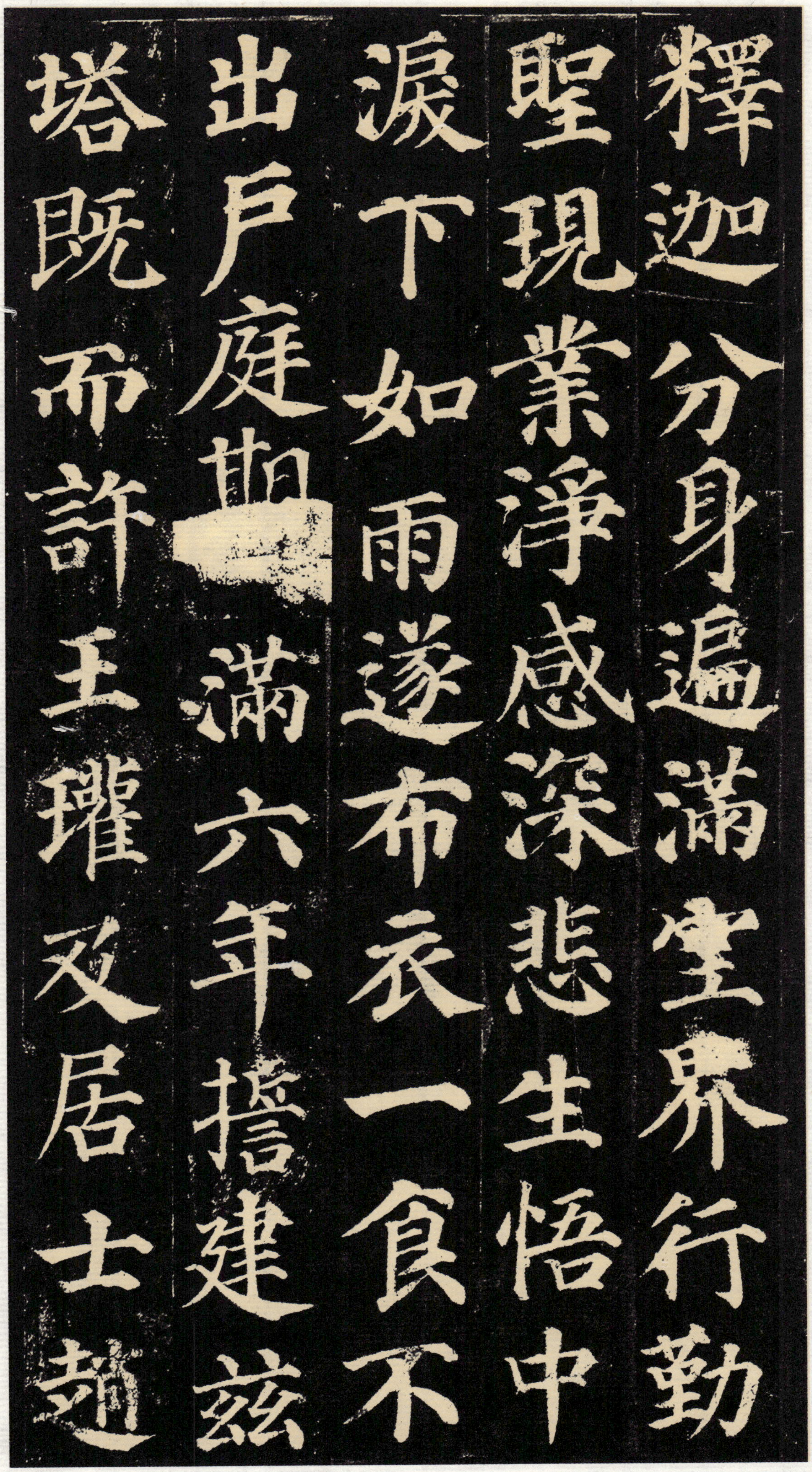

釋迦分身，遍滿室界。行勤聖現，業净感深。悲生悟中，淚下如雨。遂布衣一食，不出户庭，期滿六年，誓建茲塔。既而許王瓘及居士趙

崇信女普意善来稽首咸
捨珎財禪師以為輯莊嚴
之因資爽塏之地利見千
福默議於心時千福有懷
忍禪師忽於中夜見有一

崇，信女普意，善來稽首，咸捨珍財。禪師以爲輯莊嚴之因，資爽塏之地，利見千福，默議於心。
時千福有懷忍禪師，忽於中夜，見有一

水發源龍興流注千福清
澄泛灔中有方舟又見寶
塔自空而下久之乃滅即
今建塔處也寺内淨人名
法相先於其地復見燈光

水，發源龍興，流注千福。清澄泛灔，中有方舟。又見寶塔，自空而下，久之乃滅，即今建塔處也。寺内净人，名法相，先於其地復見燈光，

遠望則明，近尋即滅。竊以水流開於法性，舟泛表於慈航，塔現兆於有成，燈明示於無盡，非至德精感，其孰能與於此？及禪師建言，

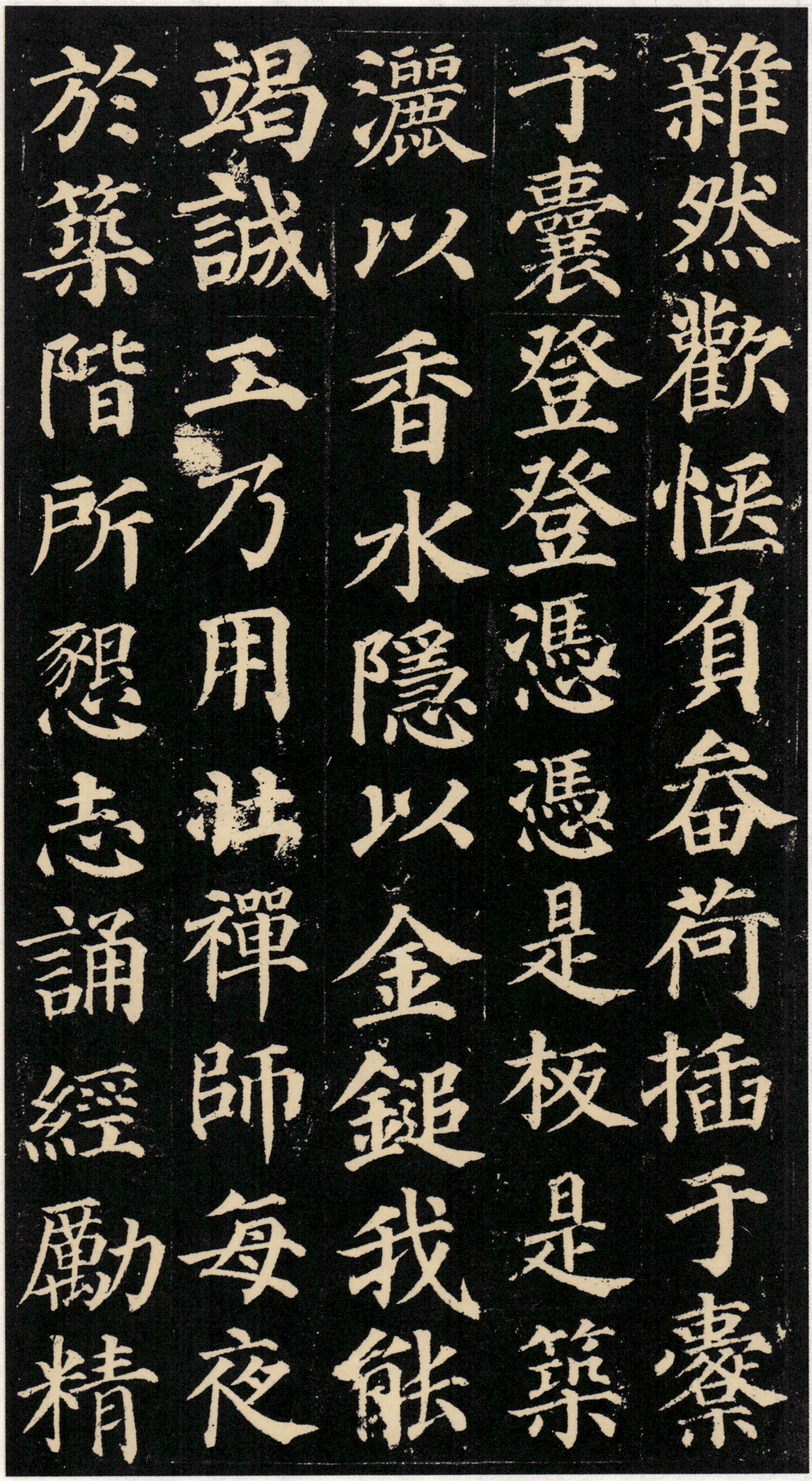

雜然歡愜，負畚荷插，於槖於囊，登登憑憑，是板是築。灑以香水，隱以金鎚，我能竭誠，工乃用壯。禪師每夜於築階所，懇志誦經，勵精

行道衆聞天樂咸嗅異香
喜歎之音聖凡相半至天
寶元載創構材木肇安相
輪禪師理會佛心感通
帝夢七月十三日勅内

行道，衆聞天樂，咸嗅異香，喜歎之音，聖凡相半。至天寶元載，創構材木，肇安相輪。禪師理會佛心，感通帝夢。七月十三日，勅内

侍趙思偘求諸寶坊驗以
所夢入寺見塔禮問禪師
聖夢有孚法名惟肖其日
賜錢五十萬絹千匹助建
修也則知精一之行雖先

侍趙思偘，求諸寶坊，驗以所夢。入寺見塔，禮問禪師，聖夢有孚，法名惟肖。其日賜錢五十萬，絹千匹，助建修也。則知精一之行，雖先

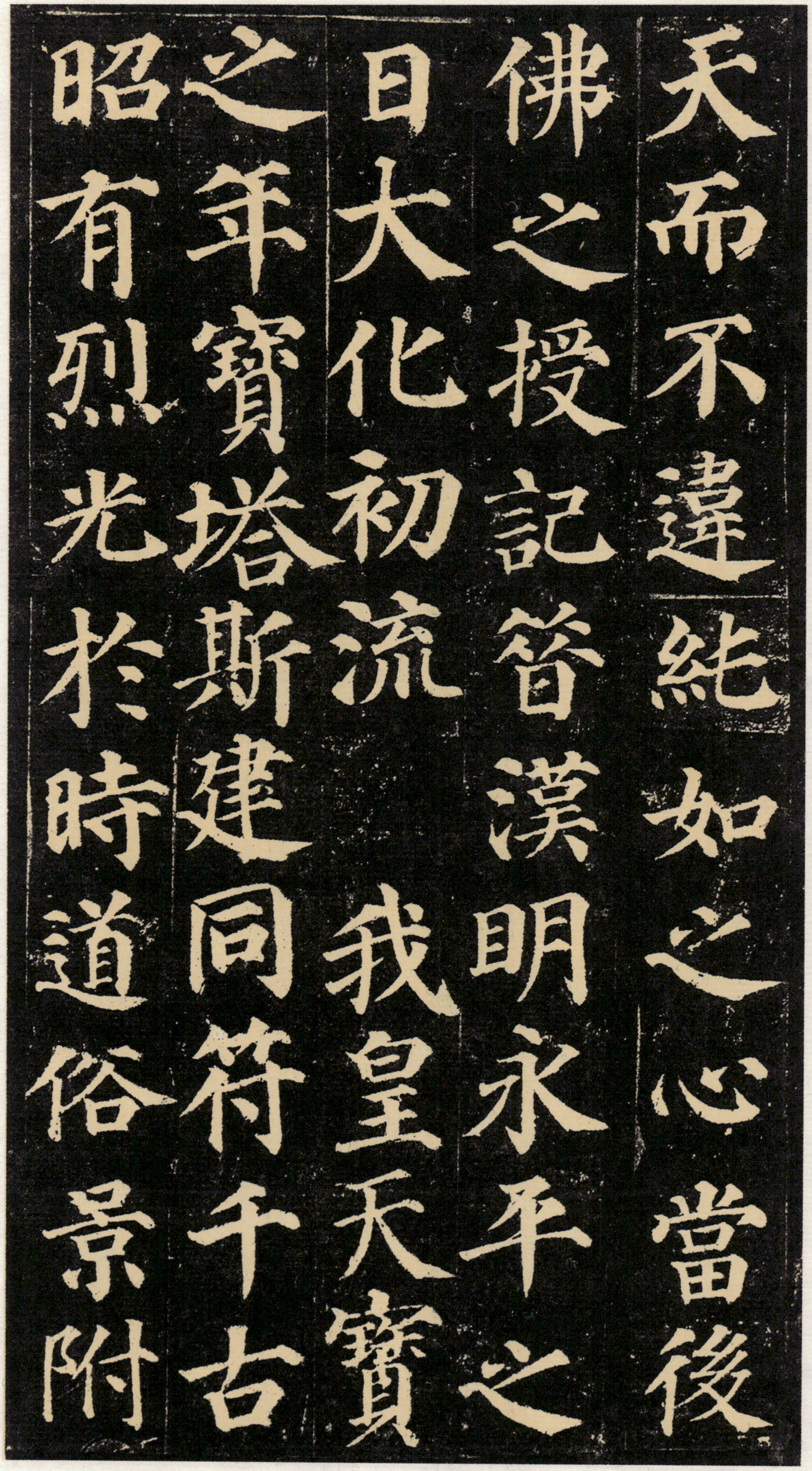

天而不違，純如之心，當後佛之授記。昔漢明永平之日，大化初流。我皇天寶之年，寶塔斯建。同符千古，昭有烈光。於時道俗景附，

檀施山積庀徒度財功百
其倍矣至二載勅中使
楊順景宣 旨令禪師於
花蕚樓下迎多寶塔額遂
揔僧事備法儀 宸睠俯

檀施山積，庀徒度財，功百其倍矣。至二載，勅中使楊順景宣旨，令禪師於花蕚樓下迎多寶塔額。遂揔僧事，備法儀，宸睠俯

臨額書下降又賜絹百疋
聖札飛毫動雲龍之氣象
天文挂塔駐日月之光輝
至四載塔事將就表請慶
齋歸功 帝力時僧道四

臨，額書下降。又賜絹百疋。聖札飛毫，動雲龍之氣象；天文挂塔，駐日月之光輝。至四載，塔事將就，表請慶齋，歸功帝力。時僧道四

部會逾萬人有五色雲團
輔塔頂衆盡瞻覩莫不崩
悅大哉觀佛之光利用賓
于法王禪師謂同學曰鵬
運滄溟非雲羅之可頓心

部，會逾萬人。有五色雲團輔塔頂，衆盡瞻覩，莫不崩悅。大哉觀佛之光，利用賓於法王。禪師謂同學曰：鵬運滄溟，非雲羅之可頓；心

遊寂滅豈愛網之能加精
進法門菩薩以自强不息
本期同行復遂宿心鑿井
見泥去水不遠鑽木未熱
得火何階凡我七僧聿懷

遊寂滅，豈愛網之能加？精進法門，菩薩以自强不息。本期同行，復遂宿心。鑿井見泥，去水不遠；鑽木未熱，得火何階？凡我七僧，聿懷

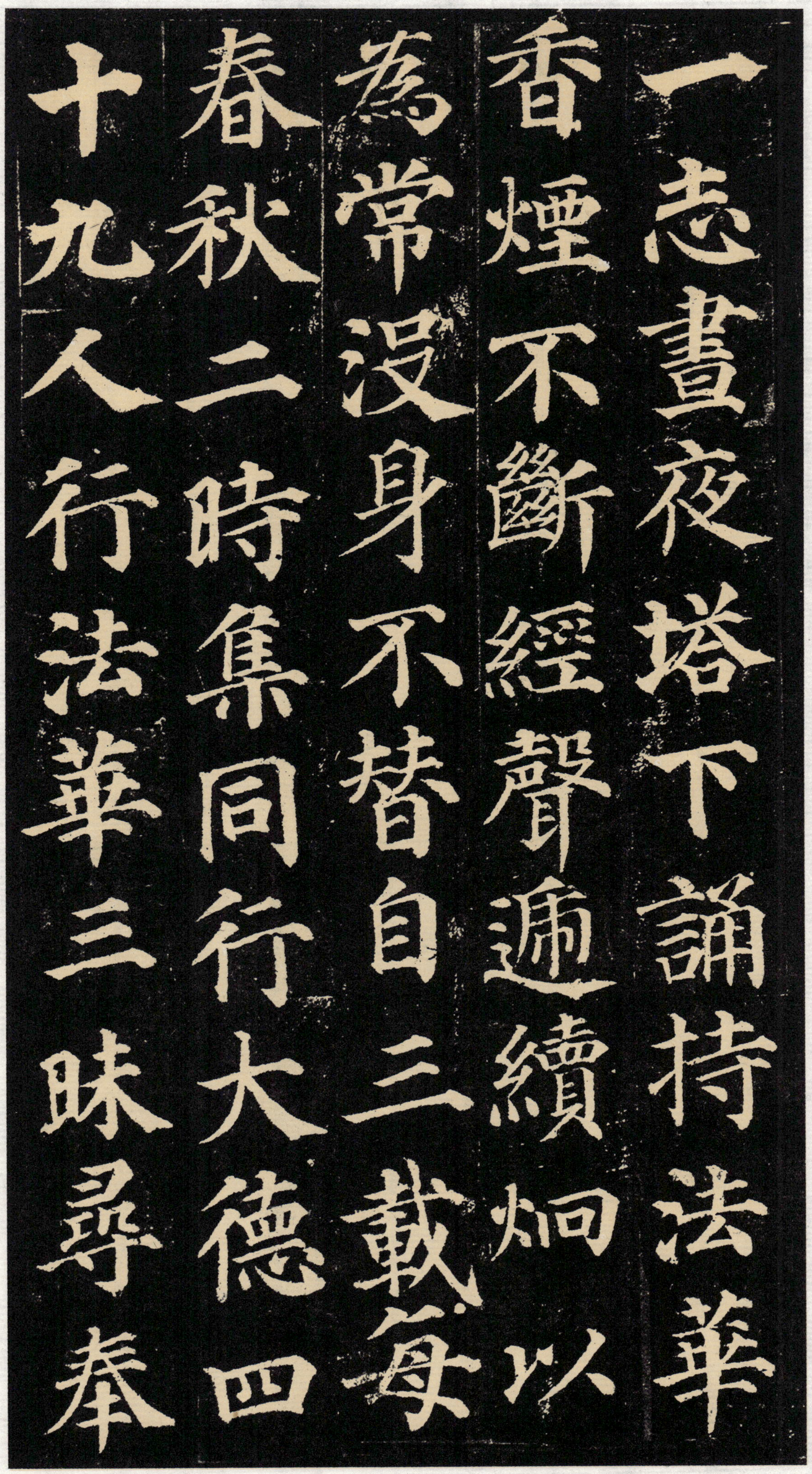
一志晝夜塔下誦持法華
香煙不斷經聲遍續炯以
為常没身不替自三載每
春秋二時集同行大德四
十九人行法華三昧尋奉

一志，晝夜塔下，誦持法華。香煙不斷，經聲遞續，炯以爲常，没身不替。自三載，每春秋二時，集同行大德四十九人，行法華三昧。尋奉

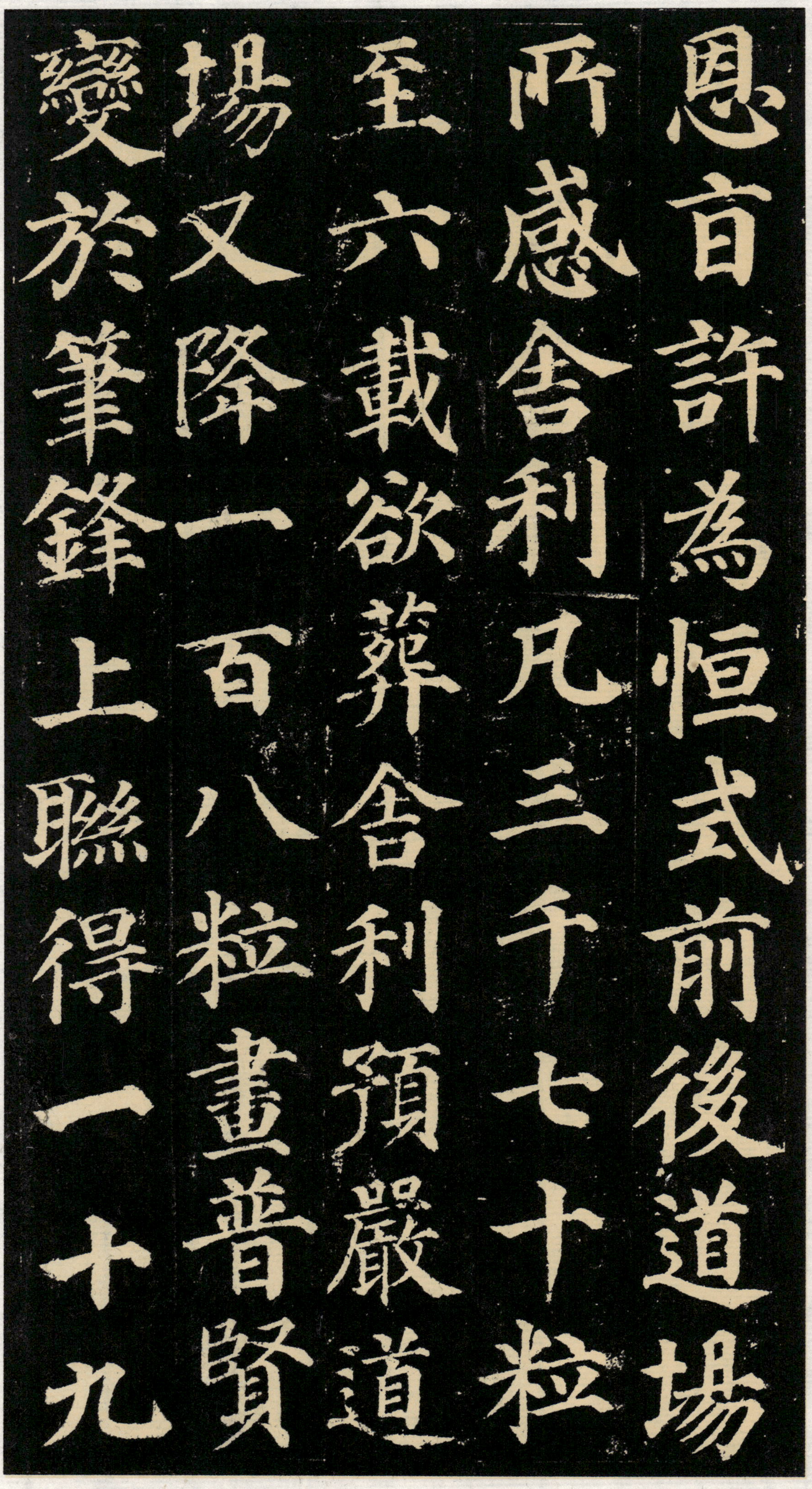

恩旨，許爲恒式。前後道場，所感舍利凡三千七十粒。至六載，欲葬舍利，預嚴道場，又降一百八粒。畫普賢變，於筆鋒上，聯得一十九

粒，莫不圓體自動，浮光瑩然。禪師無我觀身。了空求法，先刺血寫《法華經》一部、《菩薩戒》一卷、《觀普賢行經》一卷。乃取舍利三千粒，盛

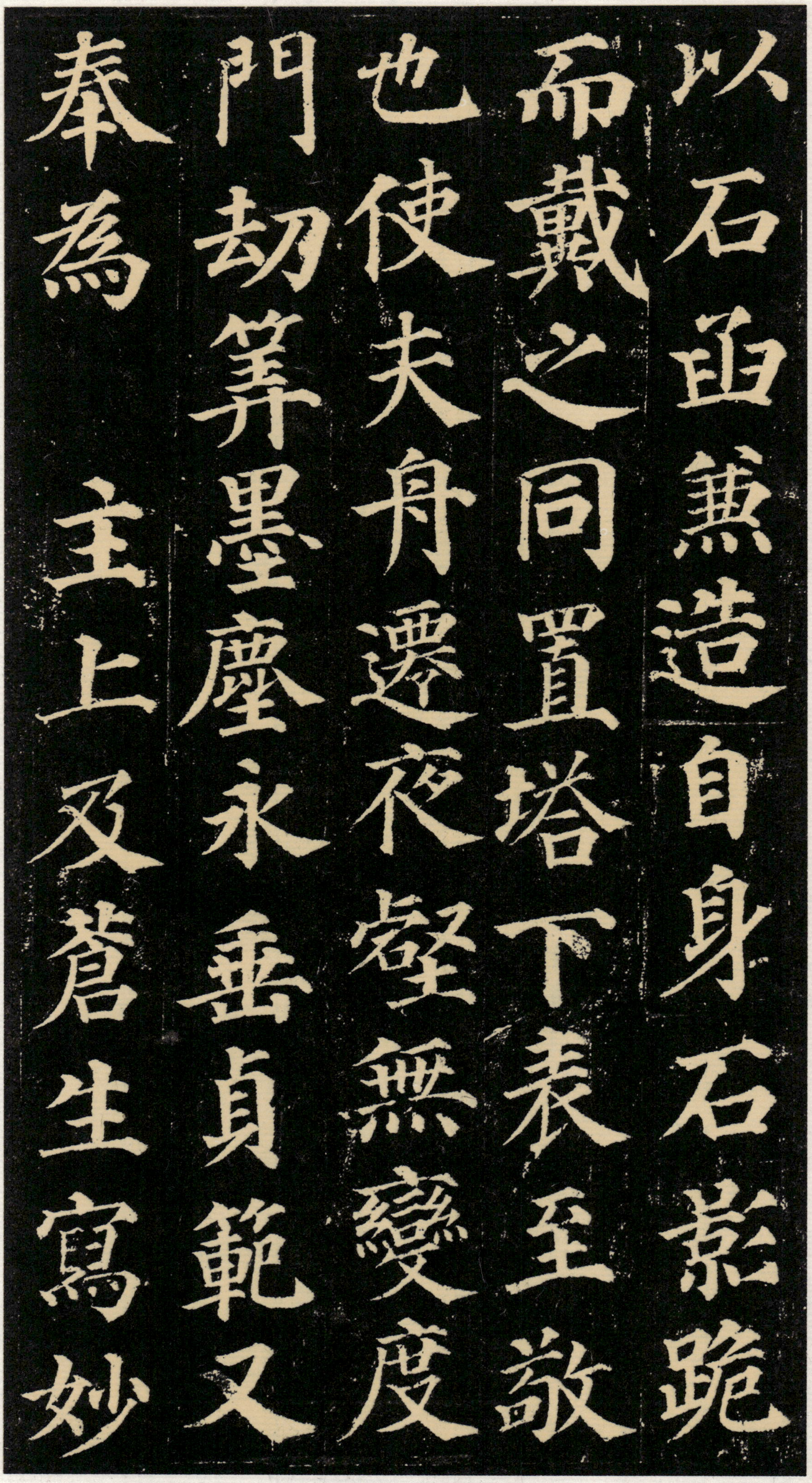

以石函，兼造自身石影，跪而戴之，同置塔下，表至敬也。使夫舟遷夜壑，無變度門。劫算墨塵，永垂貞範。又奉爲主上及蒼生寫《妙

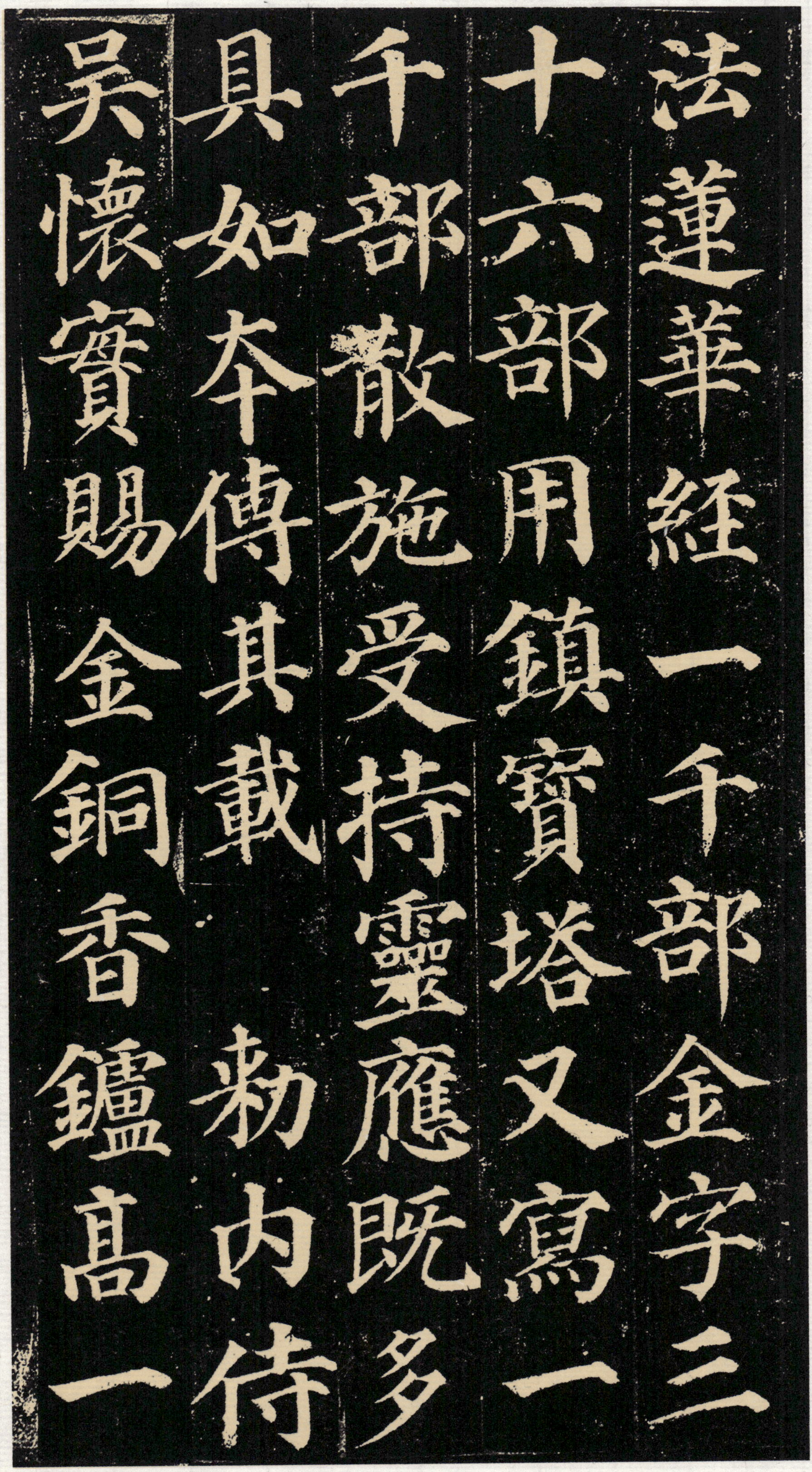
法蓮華經一千部金字三
十六部用鎮寶塔又寫一
千部散施受持靈應既多
具如本傳其載勅內侍
吴懷實賜金銅香鑪高一

法蓮華經》一千部，金字三十六部，用鎮寶塔。又寫一千部，散施受持。靈應既多，具如本傳。其載勅内侍吴懷實，賜金銅香爐，高一

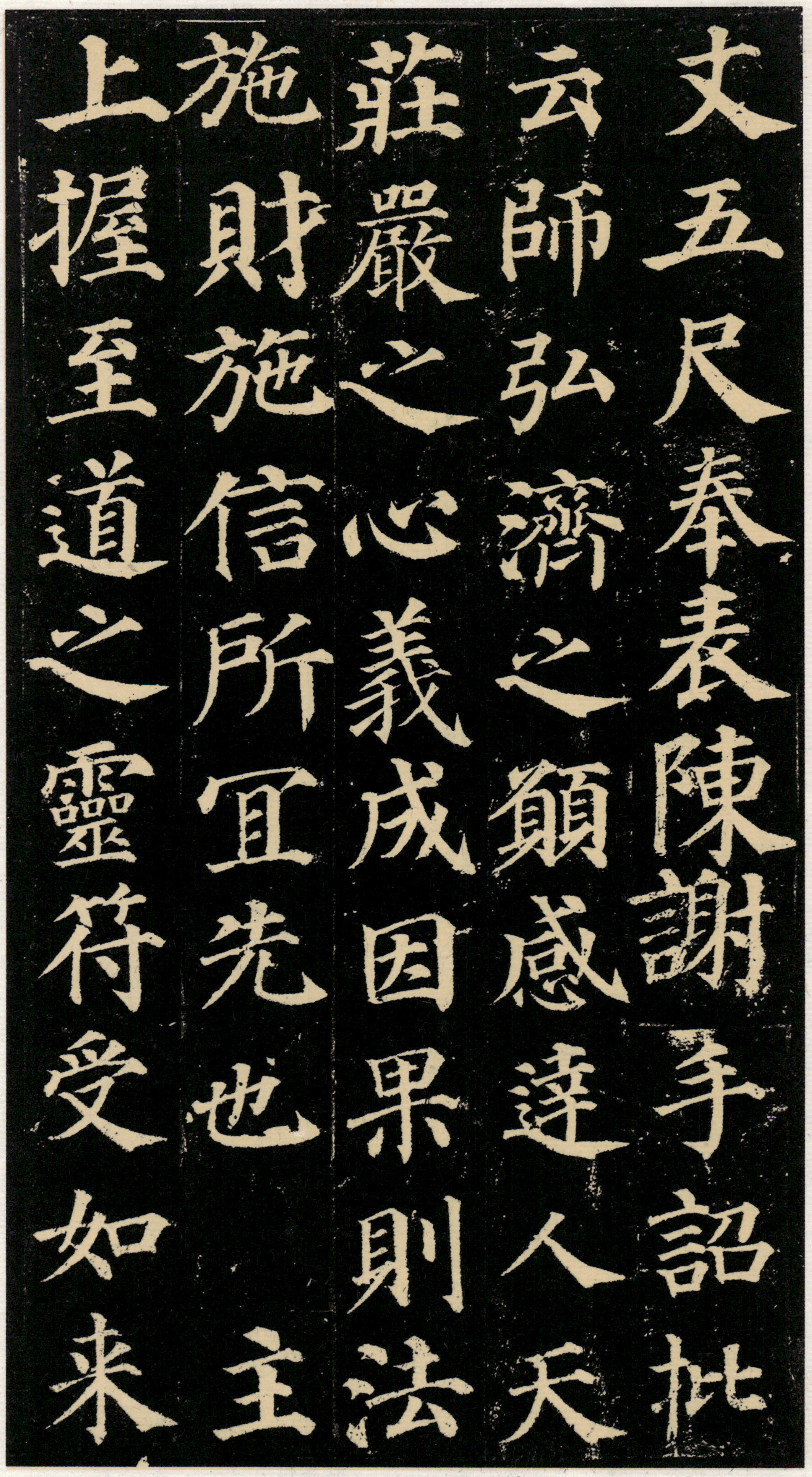

丈五尺，奉表陳謝。手詔批云：師弘濟之願，感達人天；莊嚴之心，義成因果。則法施財施，信所宜先也。主上握至道之靈符，受如來

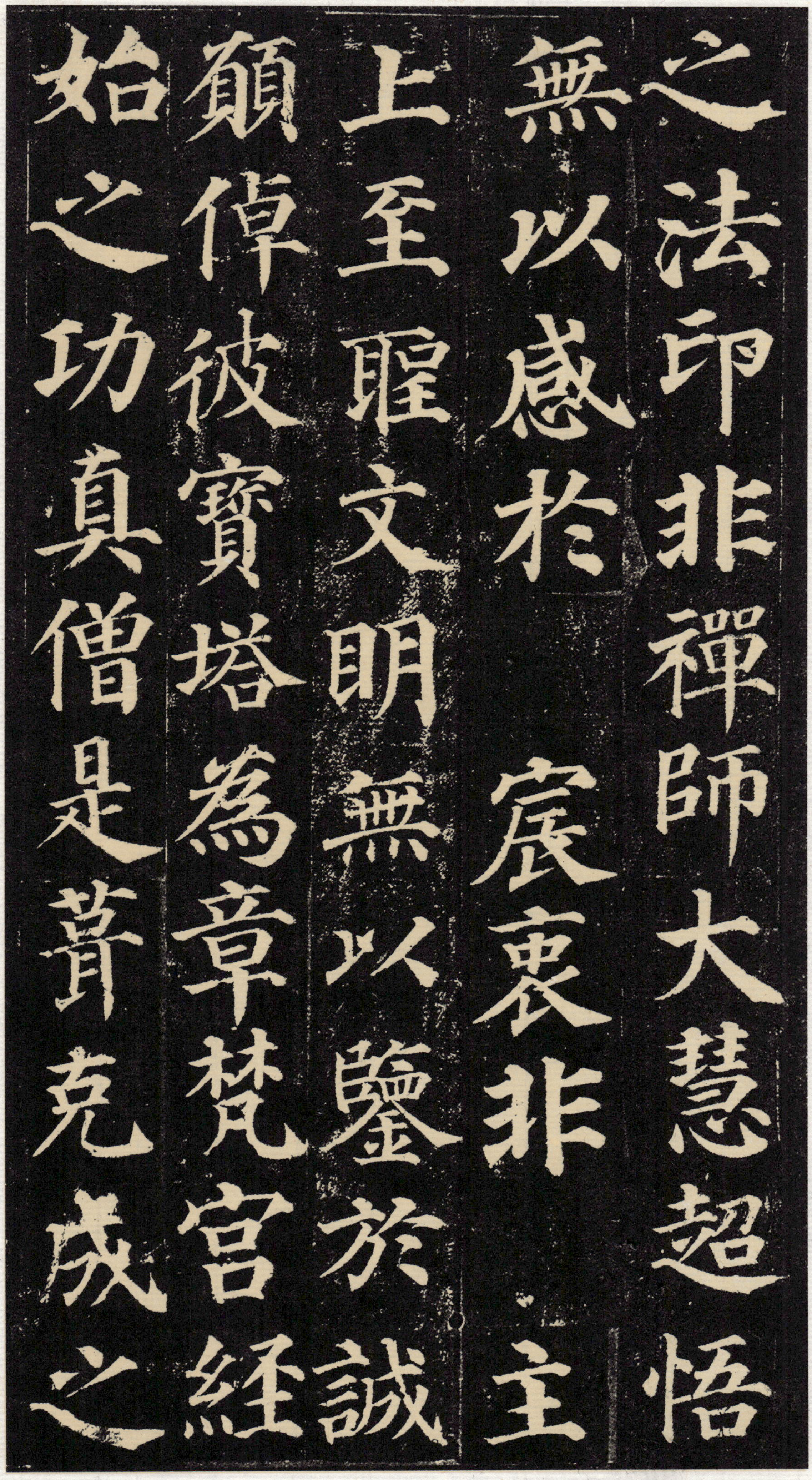

之法印，非禪師大慧超悟，無以感於宸衷；非主上至聖文明，無以鑒於誠願。倬彼寶塔，爲章梵宮。經始之功，真僧是葺；克成之

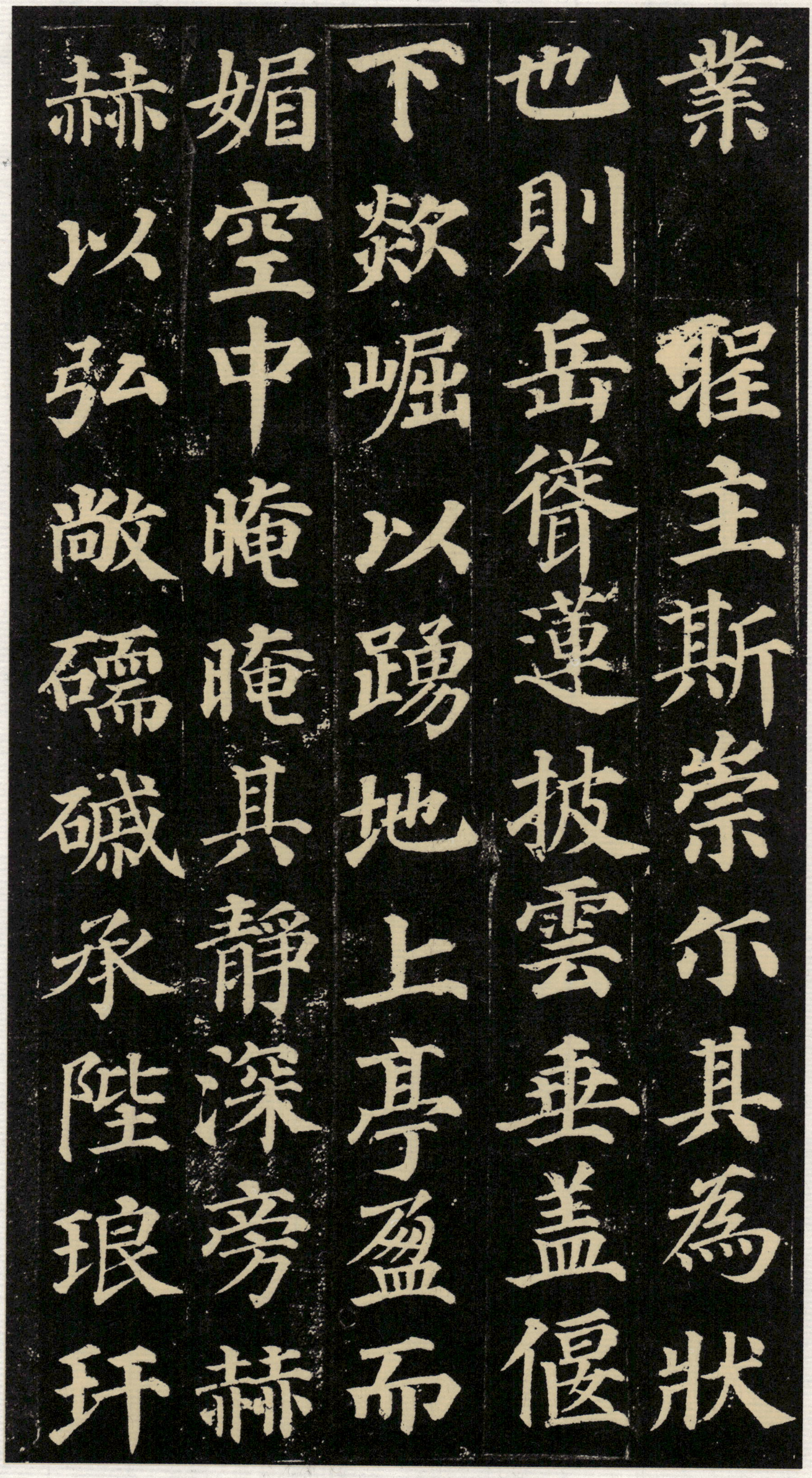

業，聖主斯崇。尔其爲狀也，則岳聳蓮披，雲垂盖偃。下欻崛以踴地，上亭盈而媚空，中晻晻其静深，旁赫赫以弘敞。礝碱承陛，琅玕

綷檻玉瑱居楹銀黄拂户
重薝疊於畫栱反宇環其
壁璫坤靈贔屭以負砌天
祇儼雅而翊户或復肩架
摯鳥肘攫脩虵冠盤巨龍

綷檻，玉瑱居楹，銀黄拂户。重檐疊於畫栱，反宇環其壁璫。坤靈贔屭以負砌，天祇儼雅而翊户。
或復肩架摯鳥，肘攫修虵，冠盤巨龍，

帽抱猛獸勃如戰色有奭
其容窮繪事之筆精選朝
英之偈賛若乃開扃鐍窺
奥秘二尊分座疑對鷲山
千帙發題若觀龍藏金碧

帽抱猛獸。勃如戰色，有奭其容。窮繪事之筆精，選朝英之偈贊。若乃開扃鐍，窺奥秘，二尊分座，疑對鷲山。千帙發題，若觀龍藏。金碧

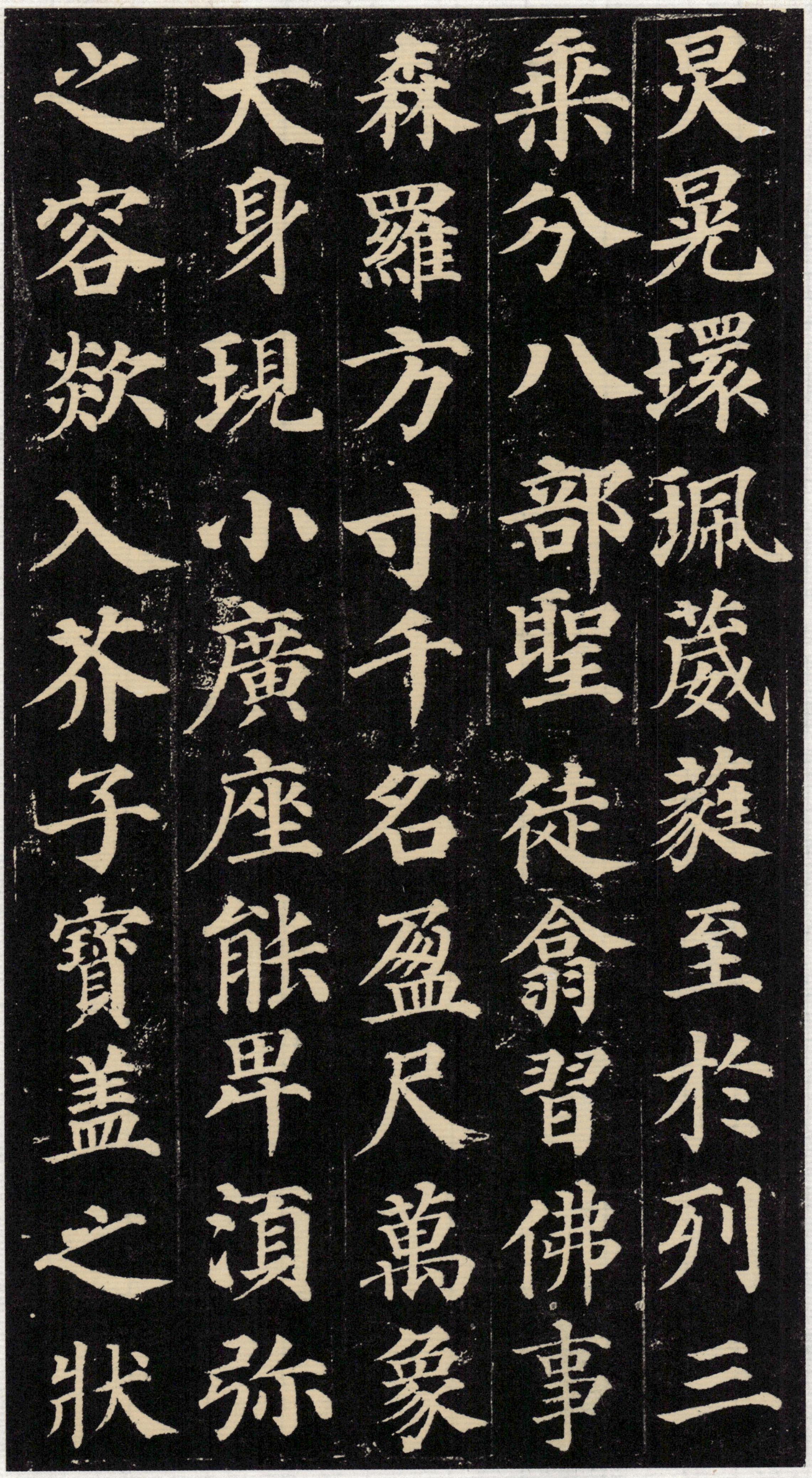
炅晃環珮葳蕤至於列三
乘分八部聖徒翕習佛事
森羅方寸千名盈尺萬象
大身現小廣座能卑須弥
之容欻入芥子寶盖之狀

炅晃，環珮葳蕤。至於列三乘，分八部，聖徒翕習，佛事森羅。方寸千名，盈尺萬象。大身現小，廣座能卑。須弥之容，欻入芥子；寶盖之狀，

頓覆三千昔衡岳思大禪
師以法華三昧傳悟天台
智者尔来寂寥罕契真要
法不可以久廢生我禪師
克嗣其業繼明二祖相望

頓覆三千。昔衡岳思大禪師，以法華三昧，傳悟天台智者，尔來寂寥，罕契真要。法不可以久廢，生我禪師，克嗣其業，繼明二祖，相望

百年夫其法華之教也開
玄關於一念照圓鏡於十
方指陰界爲妙門駈塵勞
爲法侶聚沙能成佛道合
掌已入聖流三乘教門摠

百年。夫其法華之教也，開玄關於一念，照圓鏡於十方，指陰界爲妙門，駈塵勞爲法侶。聚沙能成佛道，合掌已入聖流。三乘教門，摠

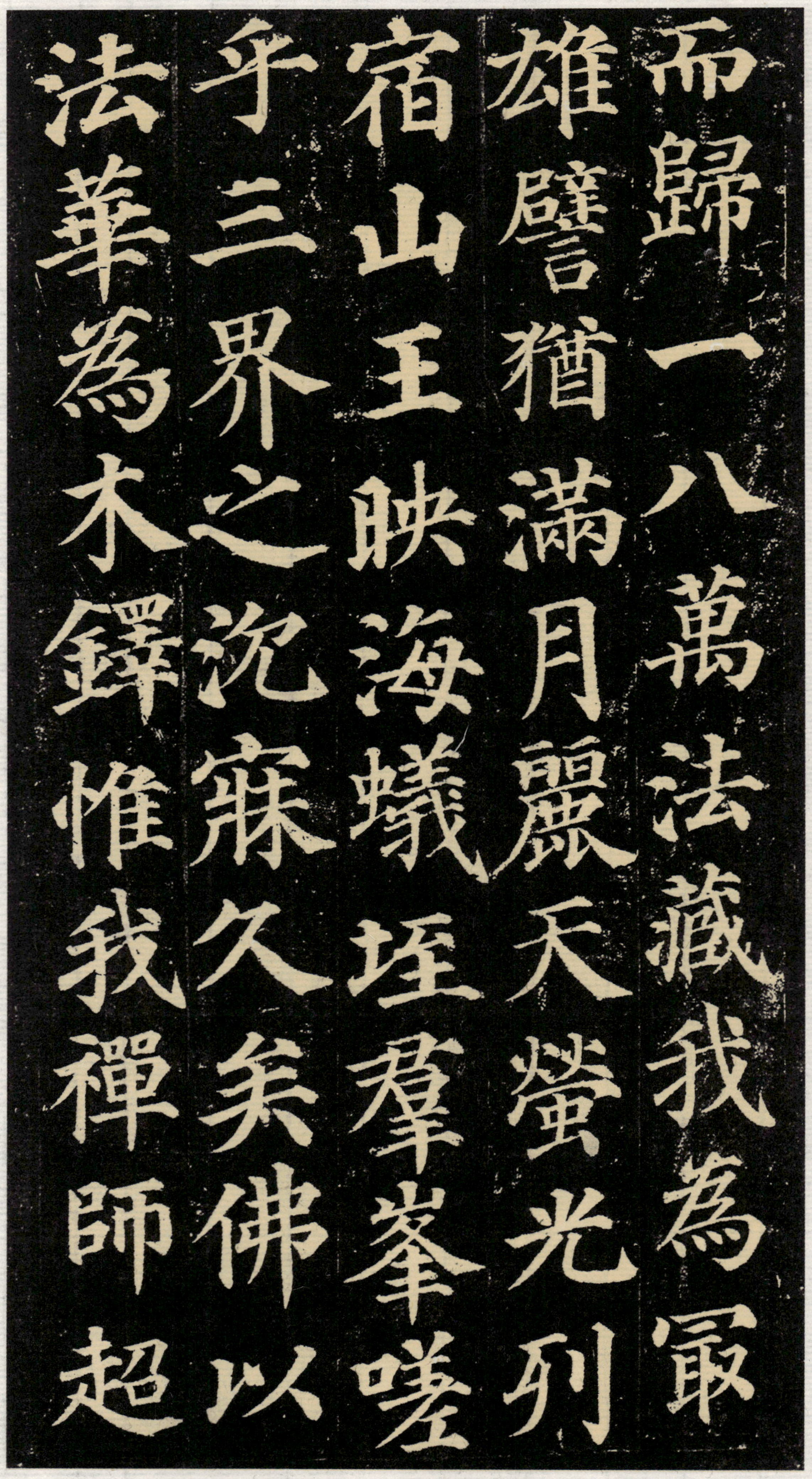

而歸一；八萬法藏，我爲最雄。譬猶滿月麗天，熒光列宿；山王映海，蟻垤群峰。嗟呼！三界之沉寐久矣。佛以法華爲木鐸，惟我禪師，超

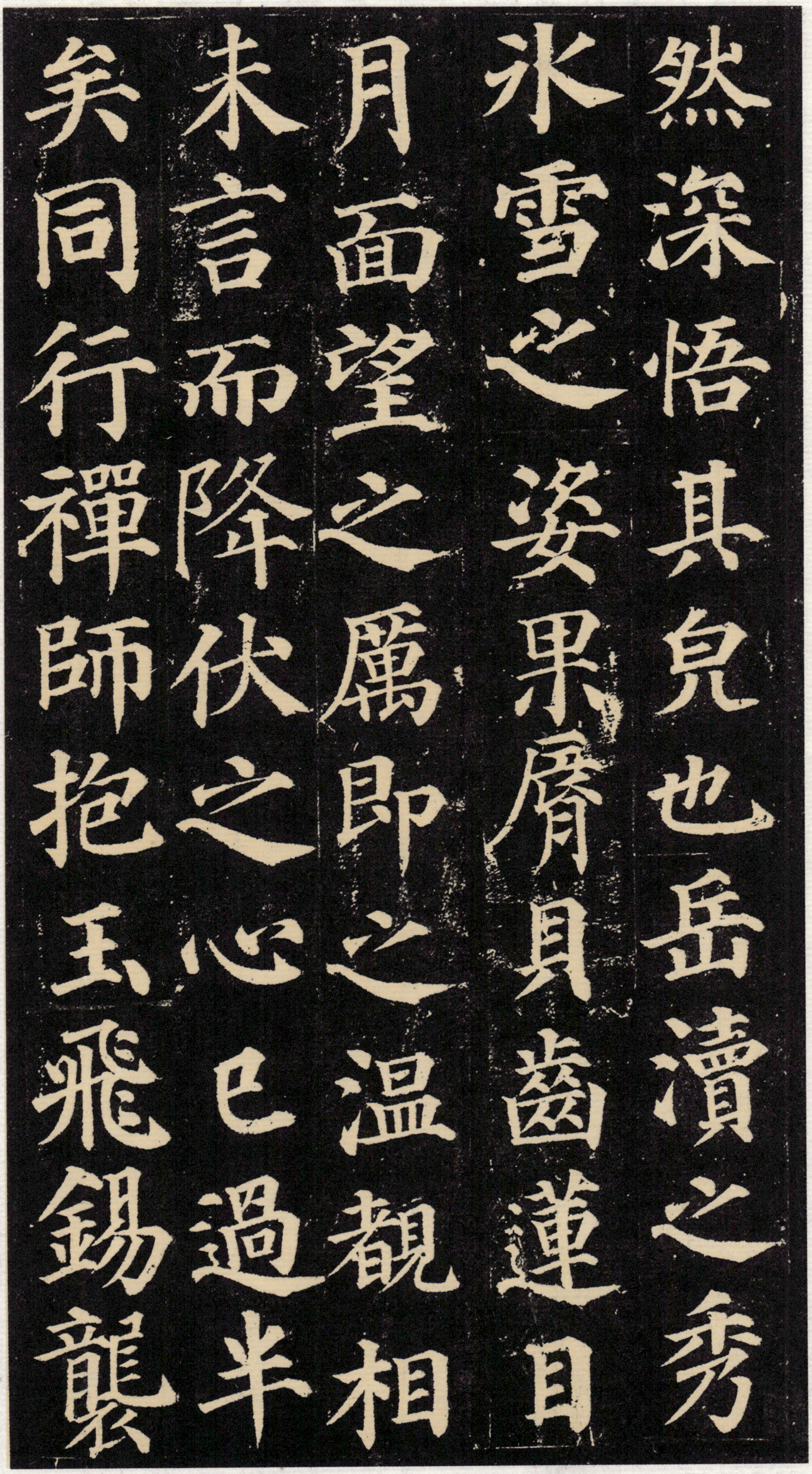
然深悟其皃也岳瀆之秀
冰雪之姿果脣貝齒蓮目
月面望之厲即之温覩相
未言而降伏之心已過半
矣同行禪師抱玉飛錫襲

然深悟。其皃也，岳瀆之秀，冰雪之姿，果唇貝齒，蓮目月面。望之厲，即之温，覩相未言，而降伏之心已過半矣。同行禪師，抱玉飛錫，襲

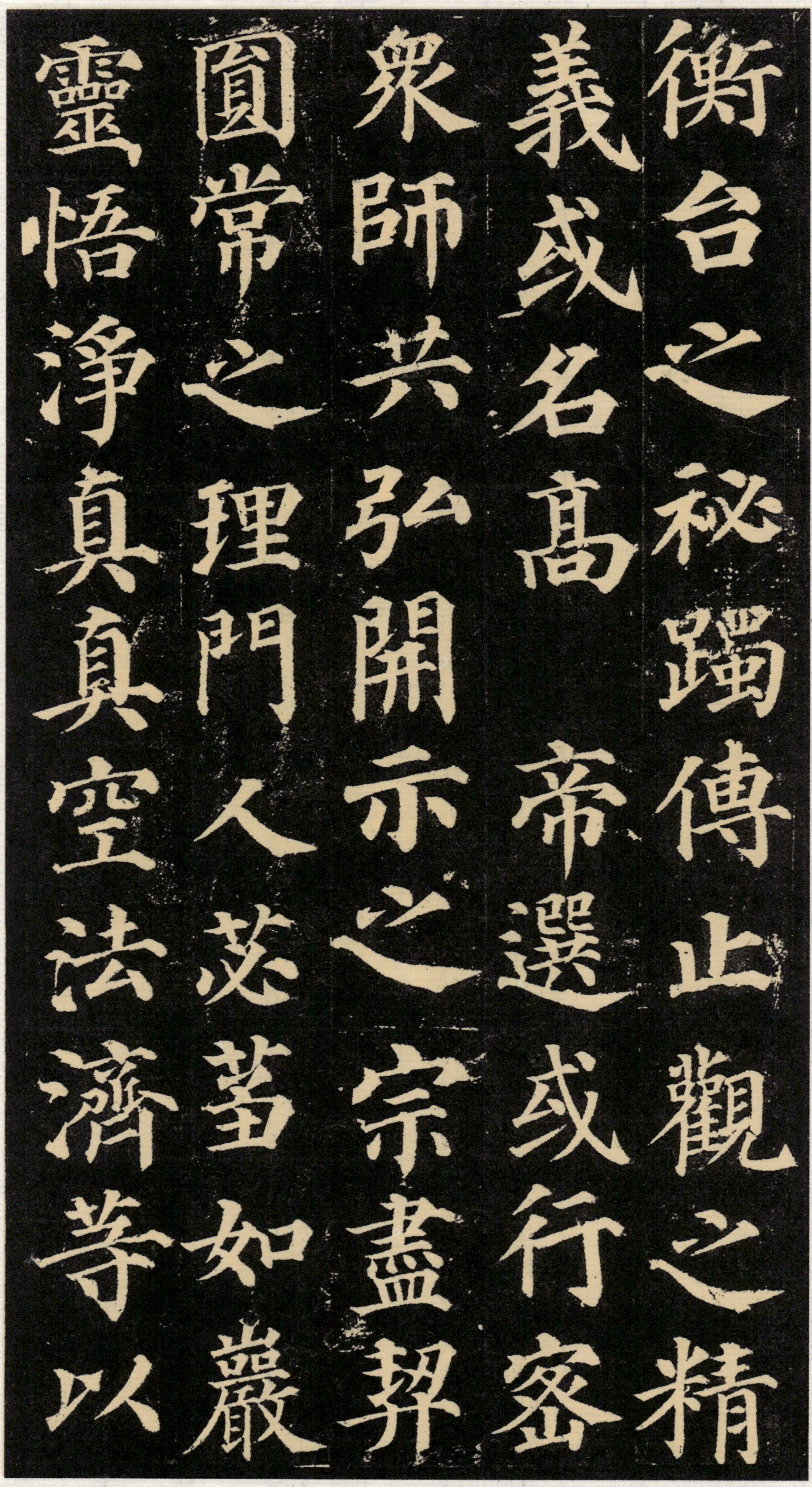

衡台之秘躅，傳止觀之精義。或名高帝選，或行密衆師，共弘開示之宗，盡契圓常之理。門人苾蒭、如巖、靈悟、净真、真空、法濟等，以

定慧爲文質以戒忍爲剛
柔含朴玉之光輝等旃檀
之圍繞夫發行者因因圓
則福廣起因者相相遣則
慧深求無爲於有爲通解

定慧爲文質，以戒忍爲剛柔，含朴玉之光輝，等旃檀之圍繞。夫發行者因因，圓則福廣；起因者相相，遣則慧深。求無爲於有爲，通解

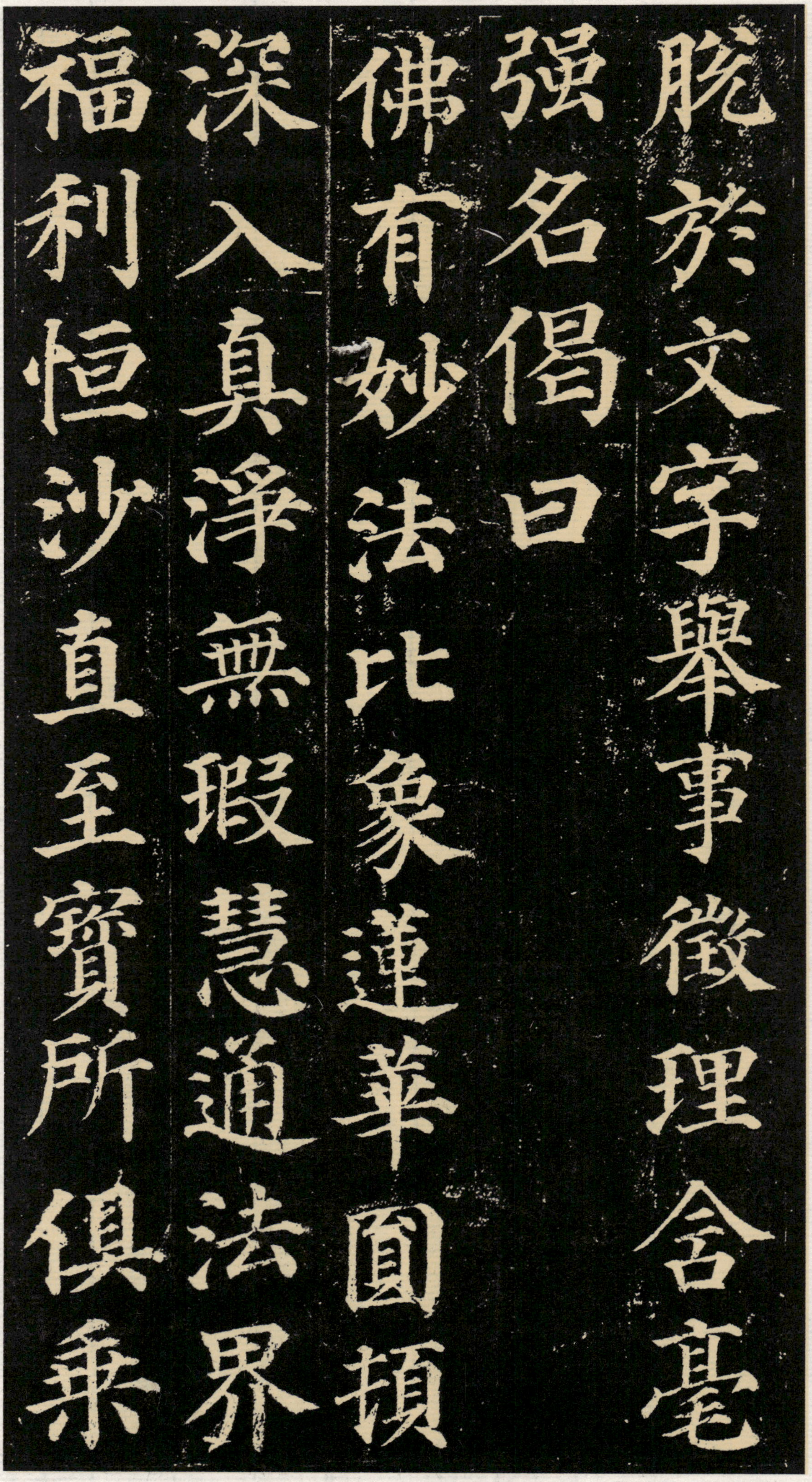

脱於文字。舉事徵理，含毫强名。偈曰：佛有妙法，比象蓮華，圓頓深入，真净無瑕。慧通法界，福利恒沙。直至寶所，俱乘

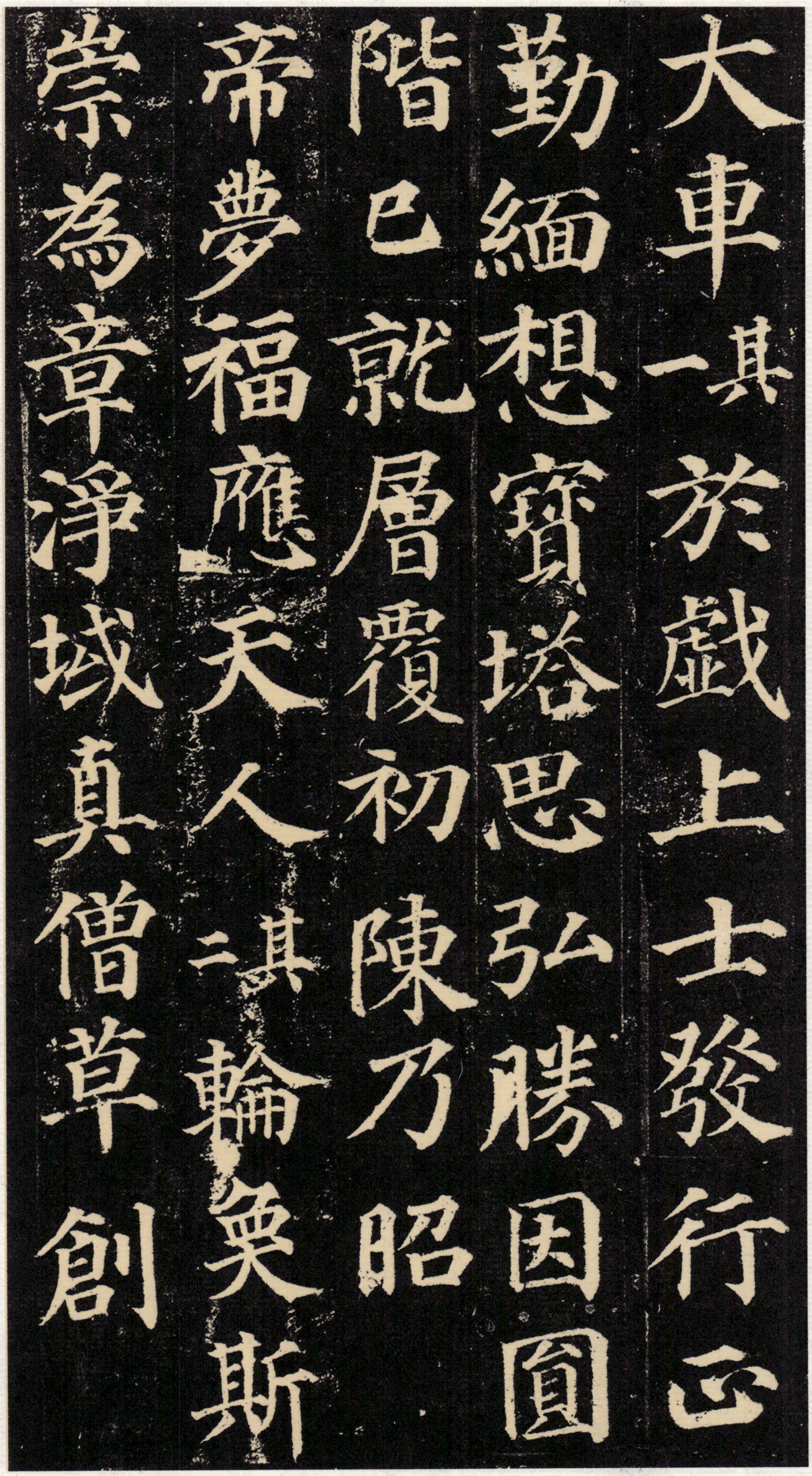

大車。（其一）於戲上士，發行正勤。緬想寶塔，思弘勝因。圓階已就，層覆初陳。乃昭帝夢，福應天人。（其二）輪奐斯崇，爲章净域。真僧草創，

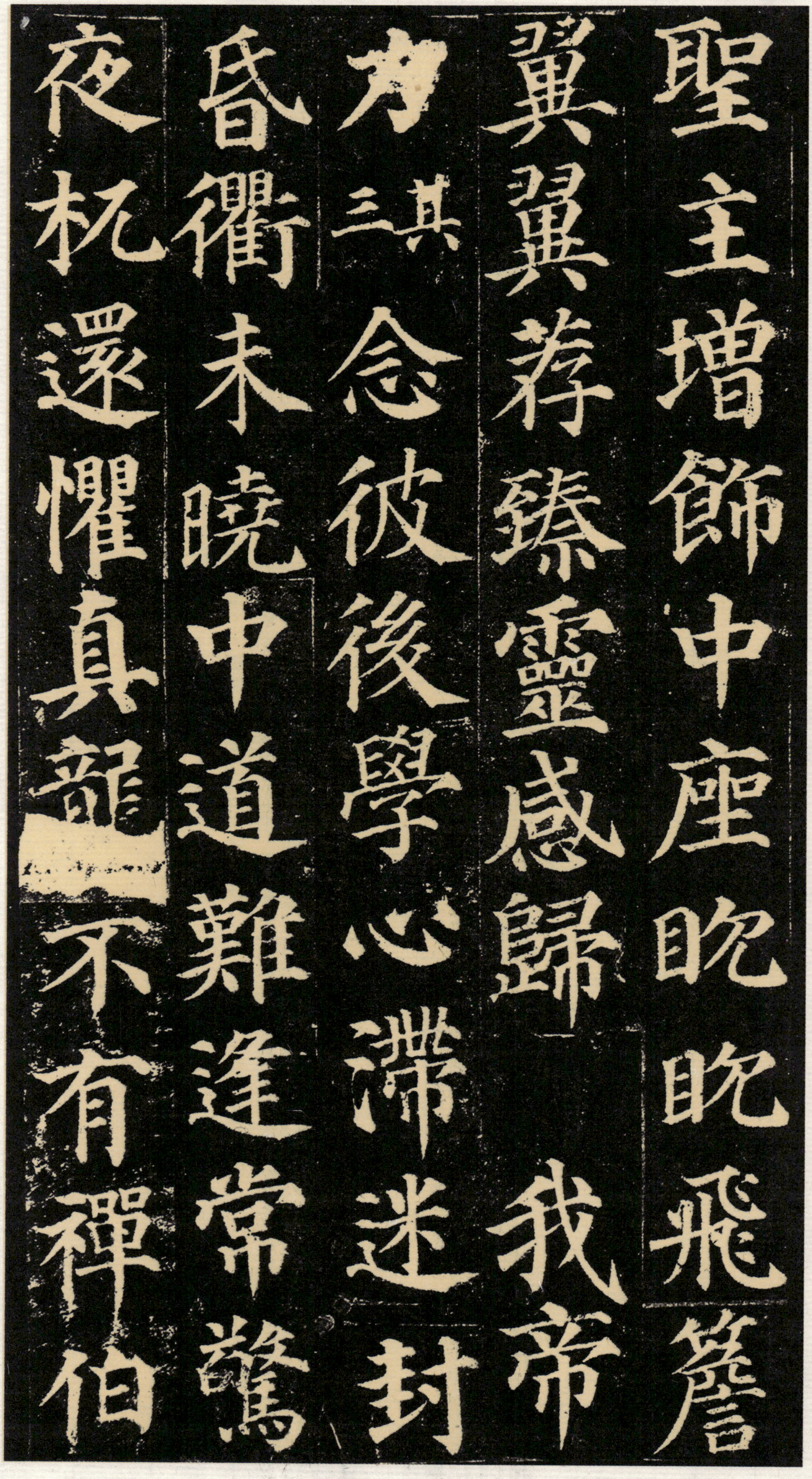

聖主增飾。中座眈眈，飛檐翼翼。存臻靈感，歸我帝力。（其三）念彼後學，心滯迷封。昏衢未曉，中道難逢。常驚夜杌，還懼真龍。不有禪伯，

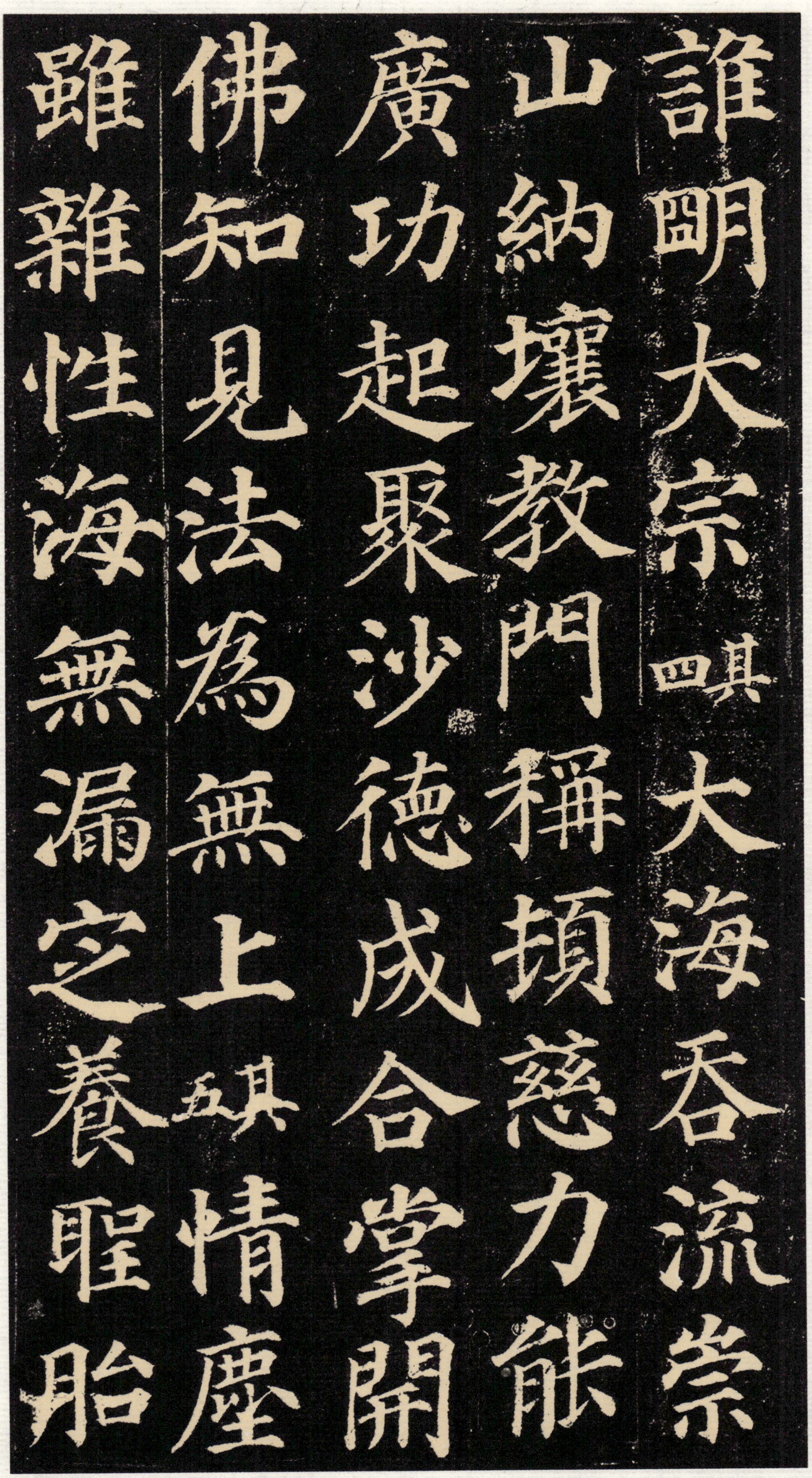

詮明大宗。（其四）大海呑流，崇山納壤。教門稱頓，慈力能廣。功起聚沙，德成合掌。開佛知見，法爲無上。（其五）情塵雖雜，性海無漏。定養聖胎，

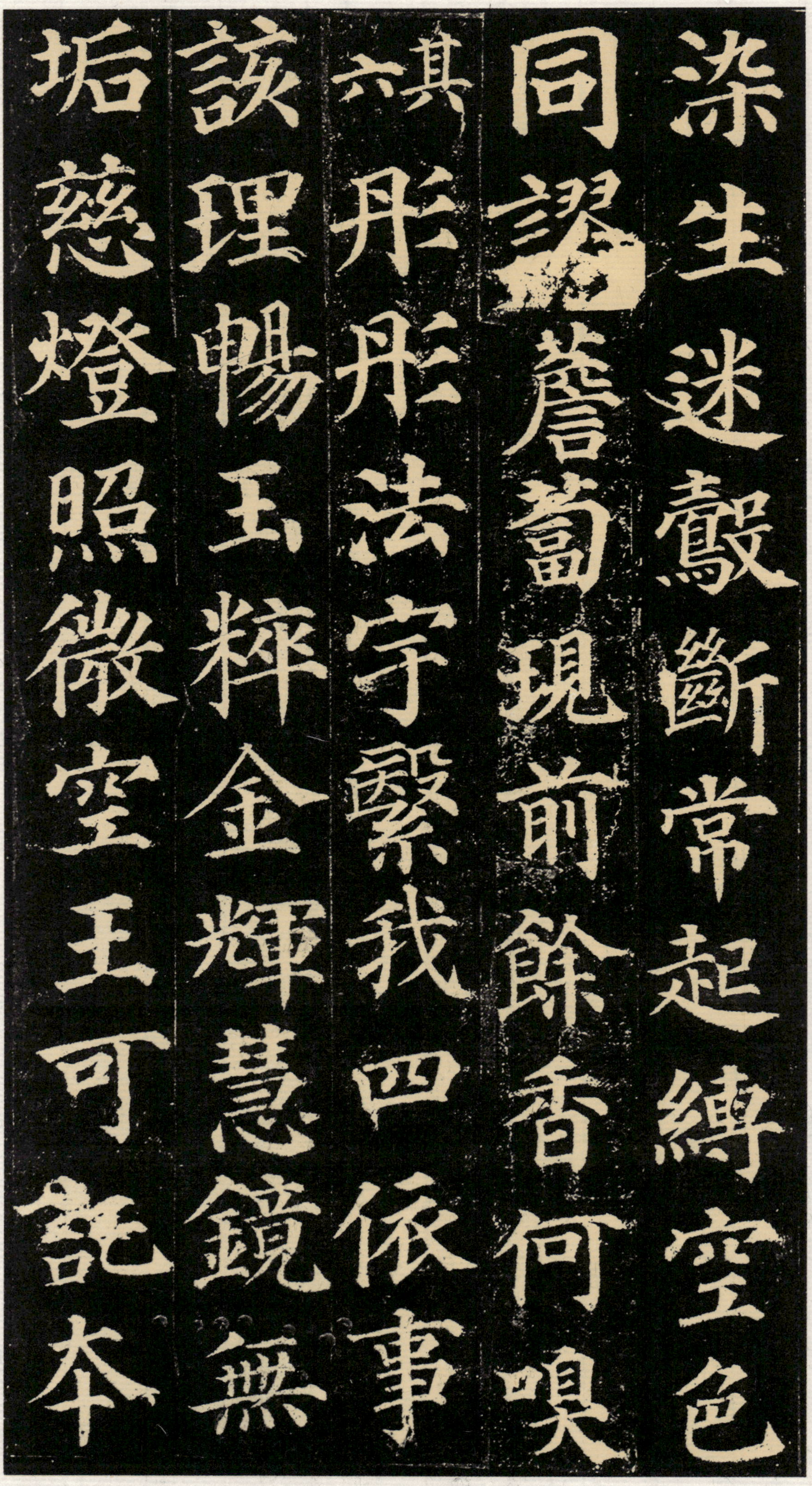

染生迷鷇。斷常起縛，空色同謬。薝蔔現前，餘香何嗅。（其六）形形法宇，緊我四依。事該理暢，玉粹金輝。慧鏡無垢，慈燈照微。空王可托，本

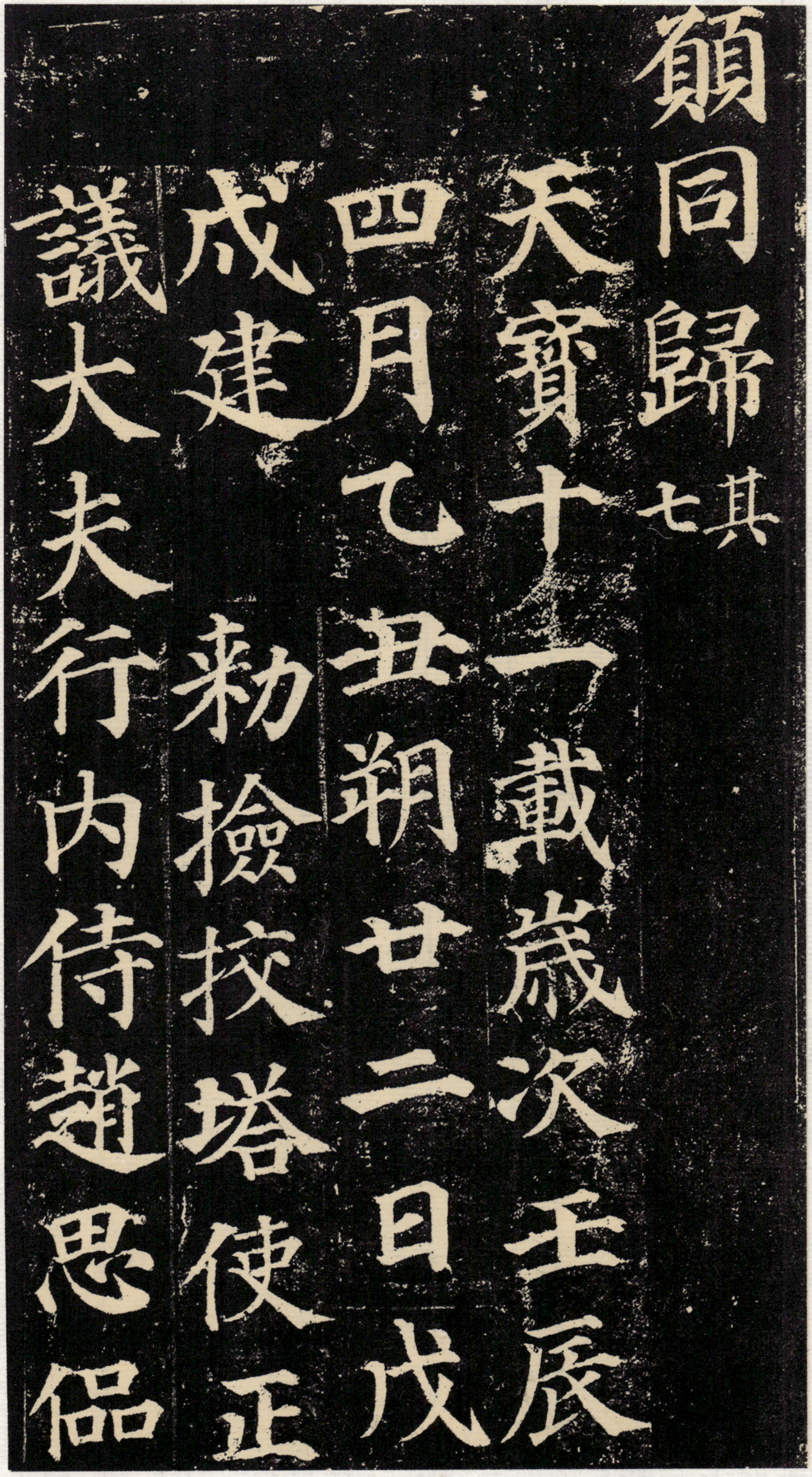

願同歸。（其七）天寶十一載歲次壬辰四月乙丑朔廿二日戊戌建。勑撿校塔使正議大夫行内侍
趙思偘、

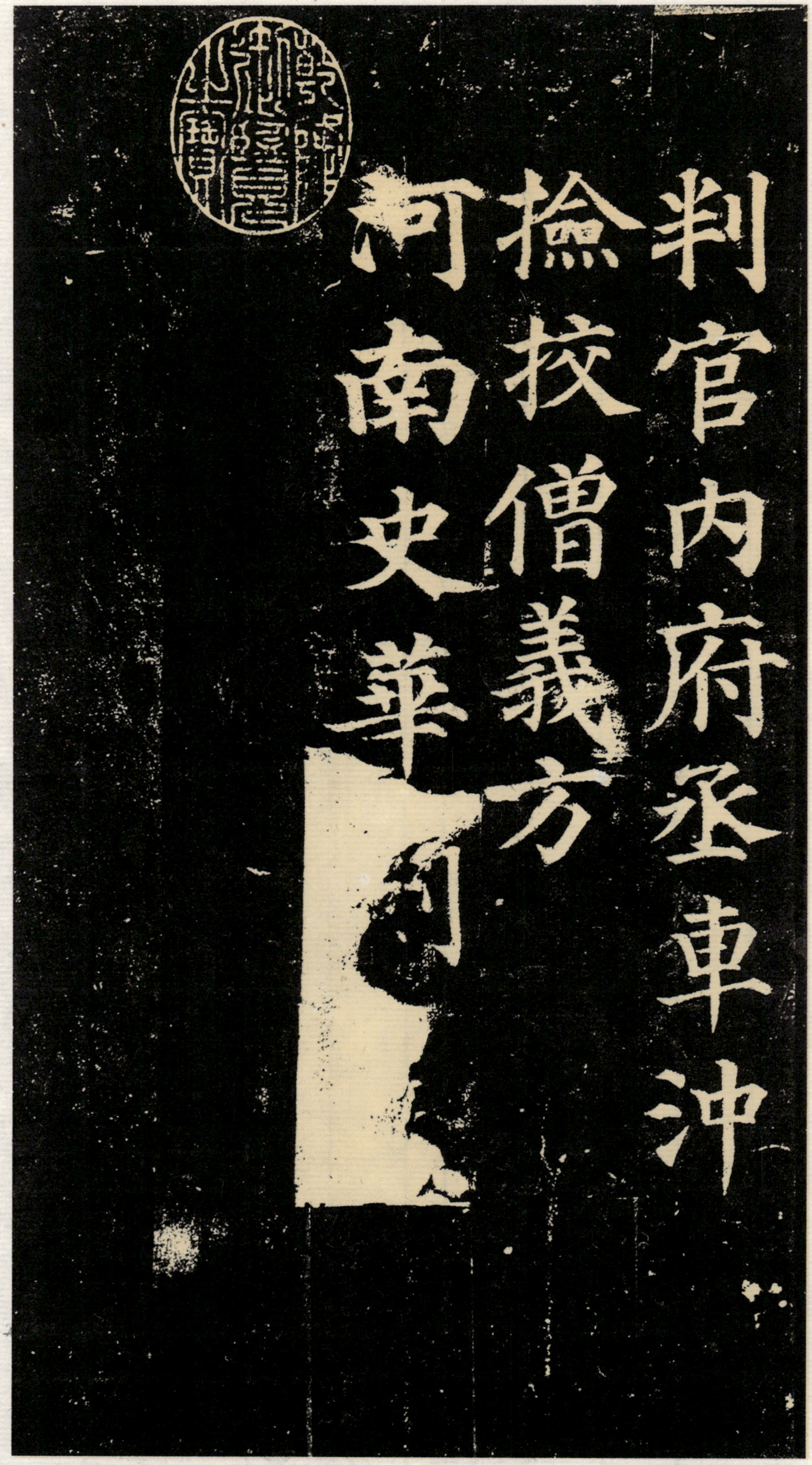

判官内府丞車沖、撿校僧義方、河南史華刻。

玄秘塔碑

唐故左街僧録，内供奉，三教談論引駕大德，安國寺上座，賜紫

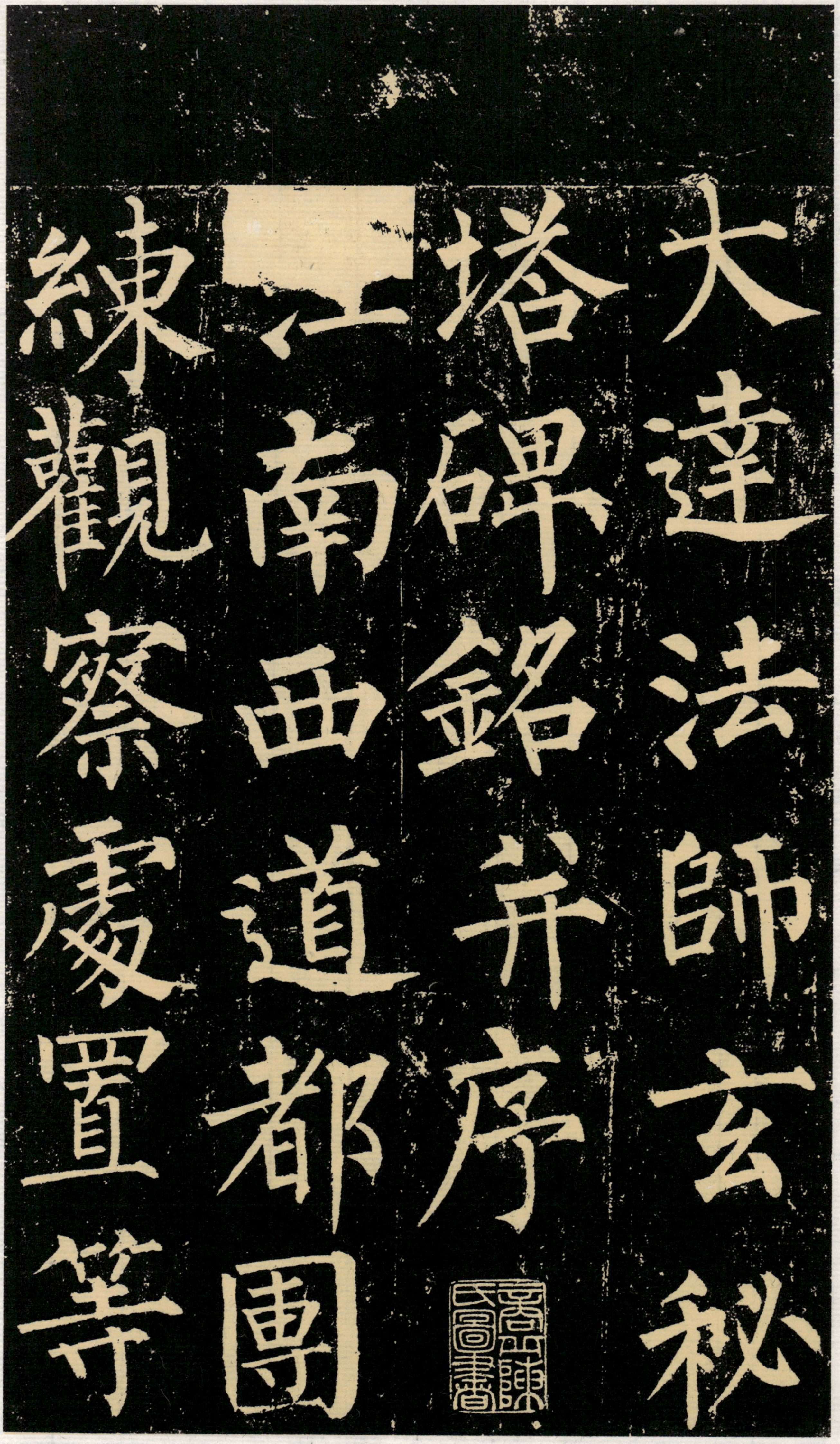
大達法師玄秘
塔碑銘并序
江南西道都團
練觀察處置等

大達法師玄秘塔碑銘并序。[江]南西道都團練觀察處置等

使，朝散大夫兼御史中丞，上柱國，賜紫金魚袋裴休撰。

正議大夫守右
散騎常侍充集
賢殿學士兼判
院事上柱國賜

[正]議大夫，守右散騎常侍，充集賢殿學士，兼判院事，上柱國，賜

紫金魚袋柳公權書并篆額。玄秘塔者，大法師端甫[靈]骨之所歸

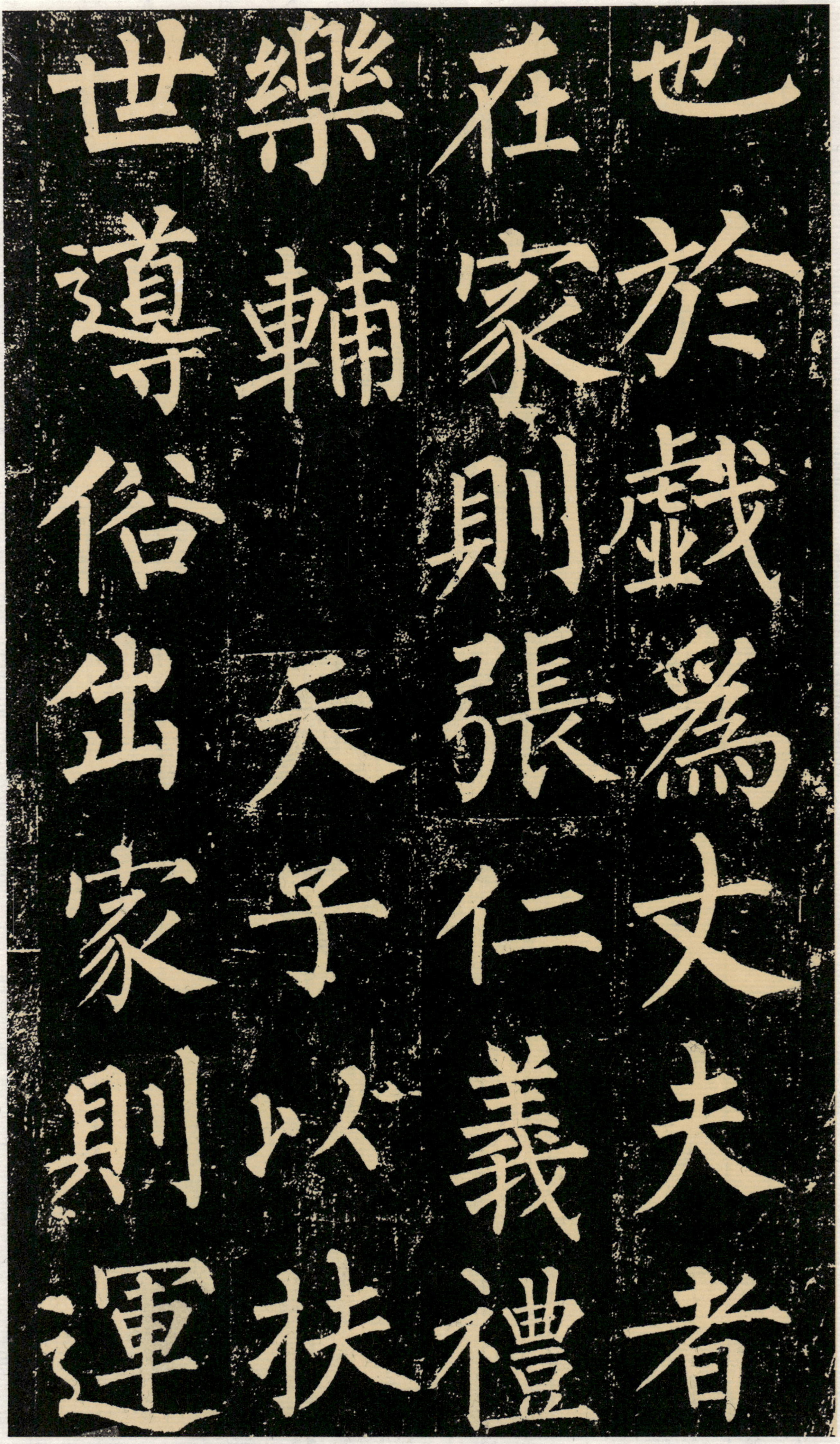

也。於戲！爲丈夫者，在家則張仁義禮樂，輔天子以扶世導俗；出家則運

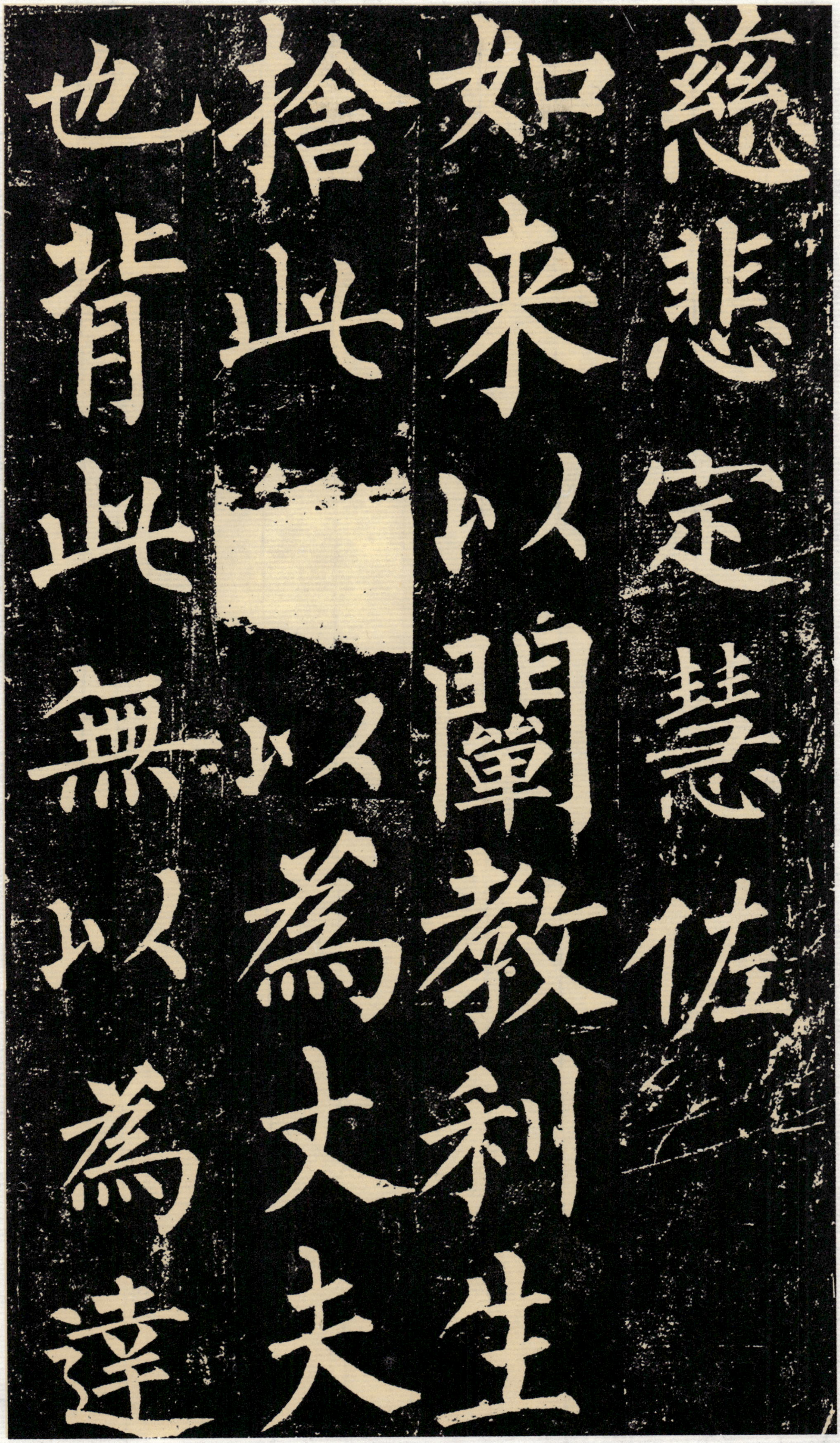

慈悲定慧，佐如來以闡教利生。捨此[無]以爲丈夫也，背此無以爲達

道也和尚其出
家之雄乎天水趙
氏世爲秦人初母
張夫人夢梵僧謂

道也。

和尚，其出家之雄乎！天水趙氏，世爲秦人。初，母張夫人夢梵僧謂

曰當生貴子即出
囊中舍利使吞之
誕所夢僧白晝
入其室摩其頂曰

曰：『當生貴子。』即出囊中舍利使吞之。及誕，所夢僧白晝入其室，摩其頂曰：

必當大弘法教言
訖而滅既成人高
顙深目大頤方口
長六尺五寸其音

『必當大弘法教。』言訖而滅。既成人，高顙深目，大頤方口，長六尺五寸，其音

如鍾。夫將欲荷如來之菩提，鑿生靈之耳目，固必有殊祥奇表歟？始，十

歲依崇福寺道悟
禪師爲沙弥十七
正度爲比丘隸安
國寺具威儀於西

歲依崇福寺道悟禪師爲沙彌。十七正度爲比丘，隸安國寺。具威儀於西

明寺照律師稟持
犯於崇[illegible]昇律
師傳唯識大義於
安國寺素法師通

明寺照律師；稟持犯於崇福寺昇律師；傳唯識大義於安國寺素法師；通

涅槃大旨於福林
寺崟法師復夢梵
僧以舍利滿琉璃
器使吞之且曰三

涅槃大旨於福林寺崟法師。復夢梵僧以舍利滿琉璃器使吞之，且曰：『三

藏大教盡貯汝腹
矣經律論無
敵於天下囊括川
注逢源會委滔滔

藏大教，盡貯汝腹矣。』[自是]，經律論無敵於天下。囊括川注，逢源會委，滔滔

然莫能濟其畔岸矣夫将欲伐株杌於情田雨甘露於法種者固必有勇

然莫能濟其畔岸矣。夫將欲伐株杌於情田，雨甘露於法種者，固必有勇

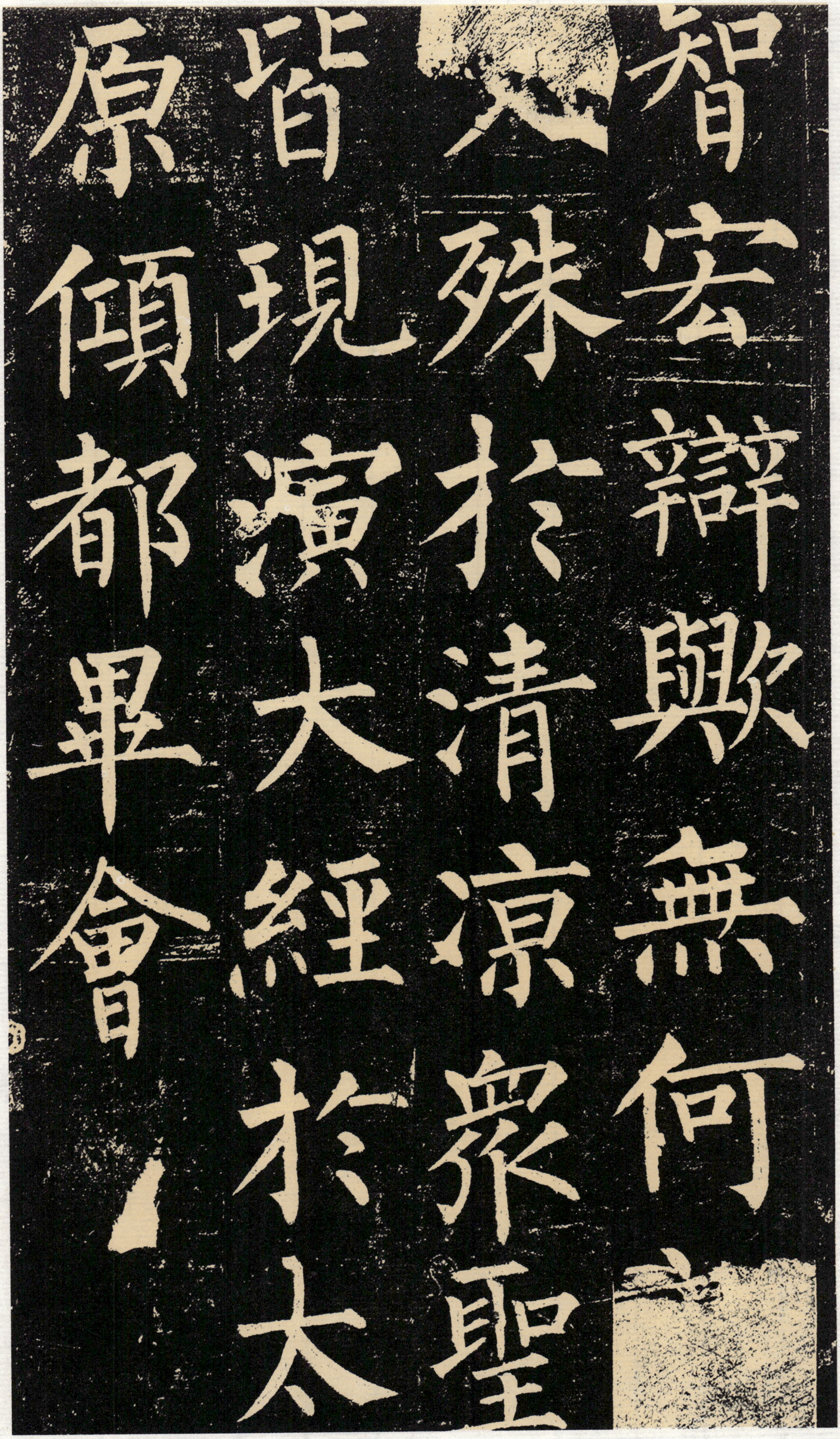

智宏辯歟？無何，謁文殊於清涼，衆聖皆現；演大經於太原，傾都畢會。

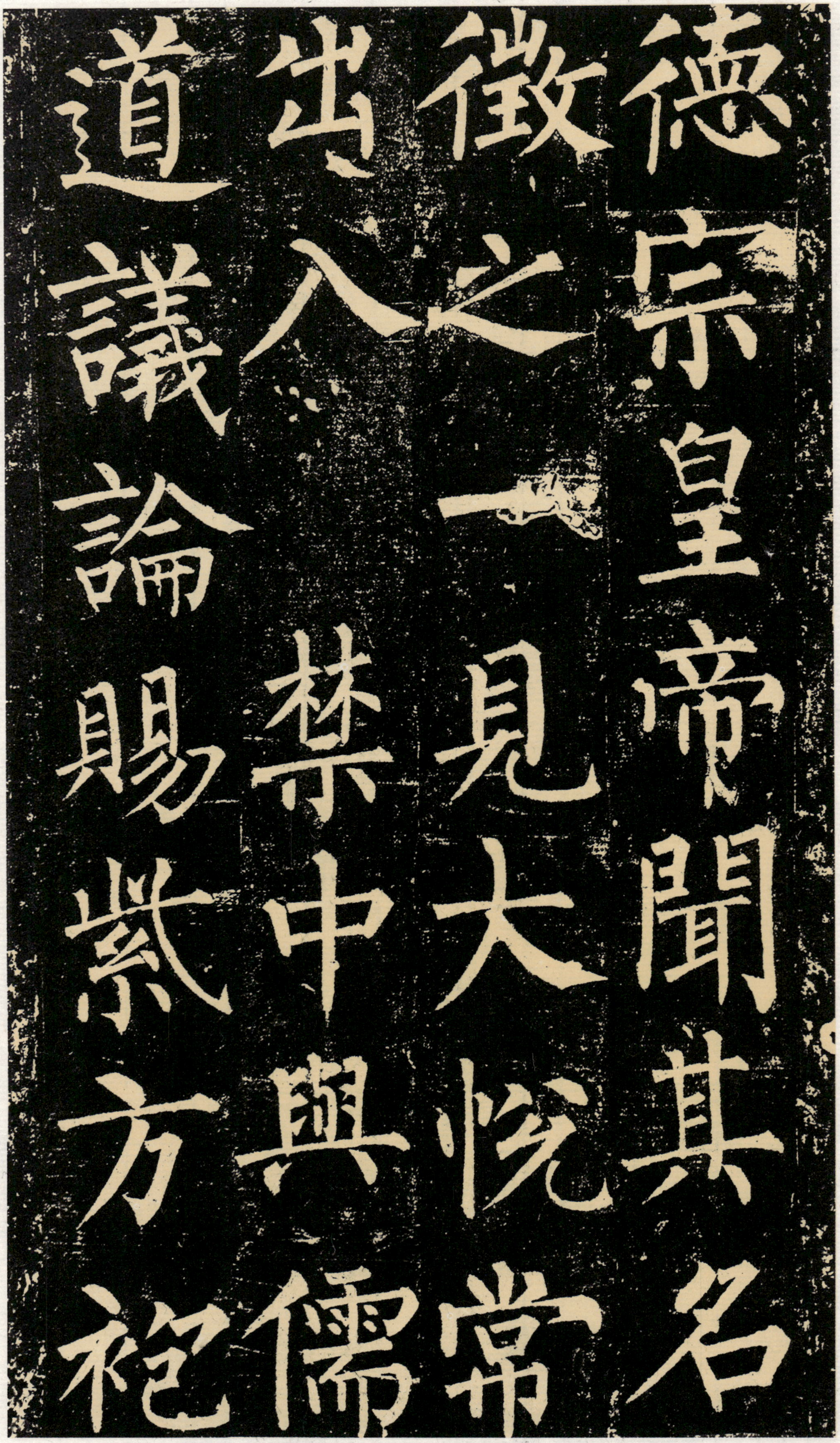

德宗皇帝聞其名，徵之，一見大悦。常出入禁中，與儒道議論。賜紫方袍，

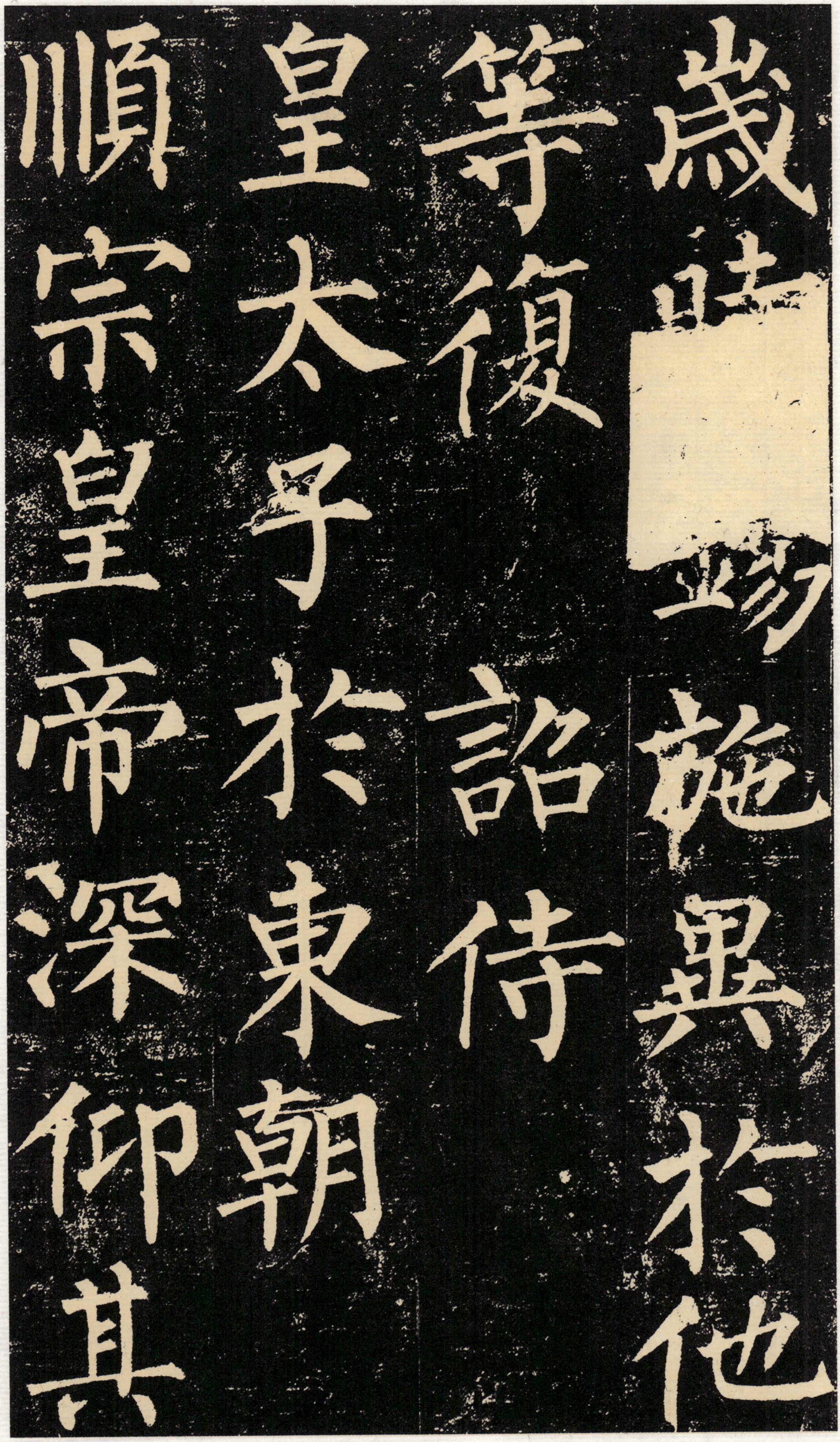

歲時賜施，異於他等。復詔侍皇太子於東朝，順宗皇帝深仰其

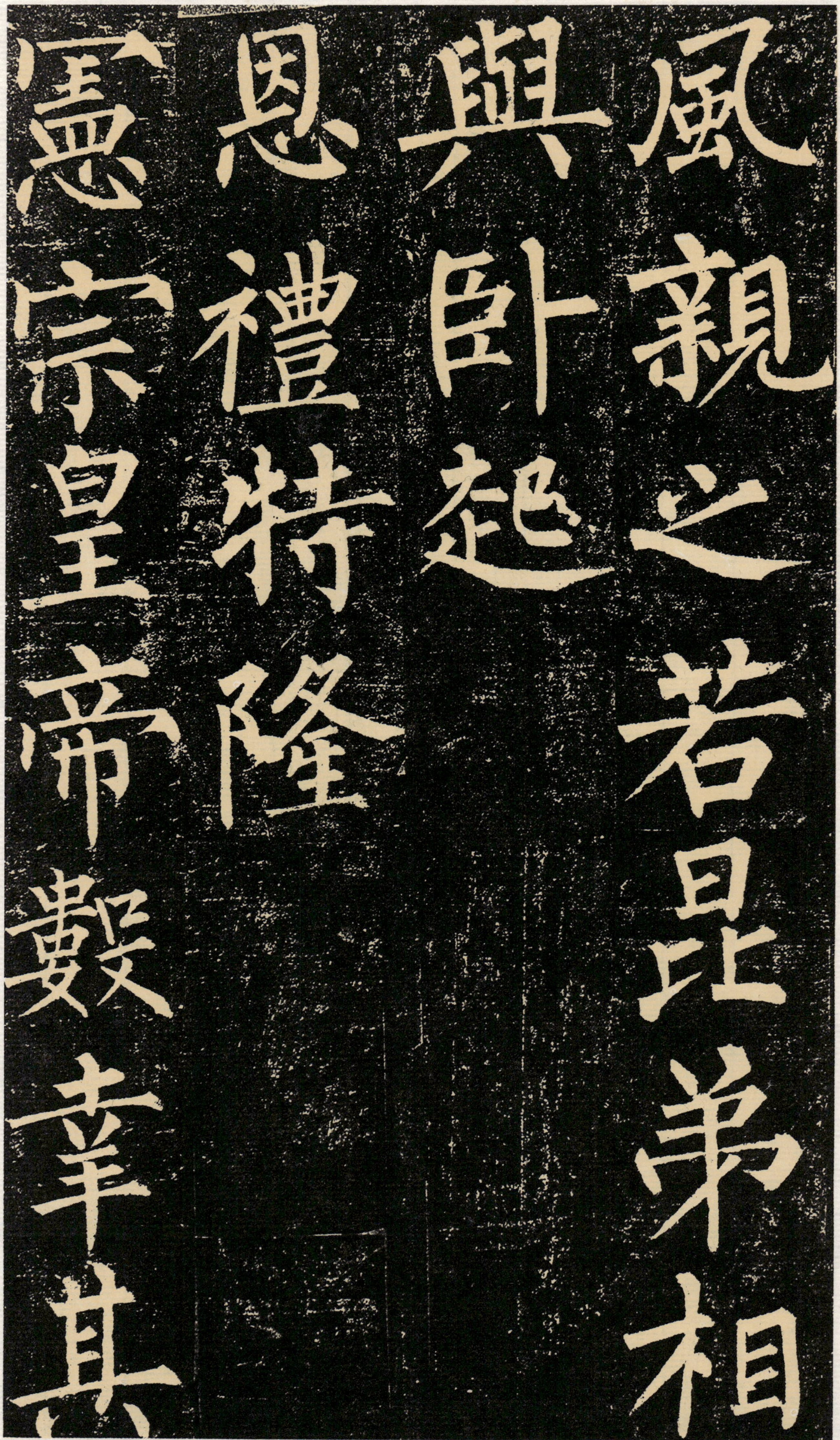

風，親之若昆弟，相與卧起，恩禮特隆。憲宗皇帝數幸其

寺待之[illegible]賓友常
承顧問注納偏
厚而和尚符彩
超邁詞理響捷迎

寺，待之若賓友，常承顧問，注納偏厚。而和尚符彩超邁，詞理響捷，迎

合上旨皆契真
乘雖造次應對未
嘗不以闡揚為務
繇是

合上旨，皆契真乘。雖造次應對，未嘗不以闡揚爲務。繇是，

天子益知佛爲大聖人，其教有不大思議事。當是時，

天子益知佛爲大聖人其教有不大思議事當是時

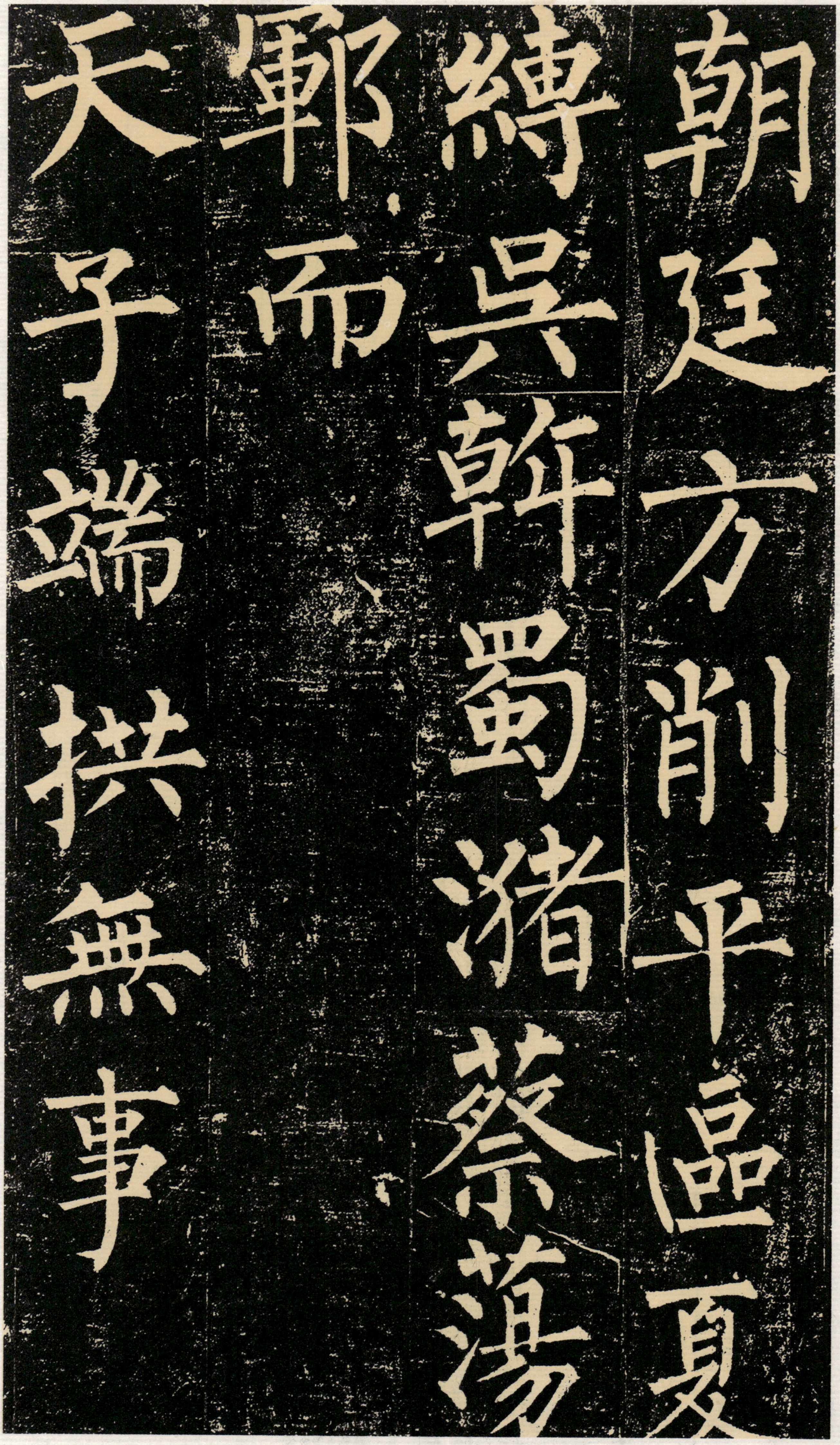

朝廷方削平區夏，縛吴斡蜀，瀦蔡蕩鄆。而天子端拱無事，

詔和緇屬迎
真骨於靈山開法
場於秘殿爲人
請福親奉香燈

詔和[尚][率]緇屬迎真骨於靈山，開法場於秘殿，爲人請福，親奉香燈。

既而刑不殘兵不
黷赤子無愁聲蒼
海無驚浪蓋參用
真宗以毗政

既而，刑不殘，兵不黷，赤子無愁聲，蒼海無驚浪，蓋參用真宗以毗大政

之明効也夫將欲
顯大不思議之道
輔大有爲之君固
必有冥符玄契歟

之明效也。夫將欲顯大不思議之道，輔大有爲之君，固必有冥符玄契歟？

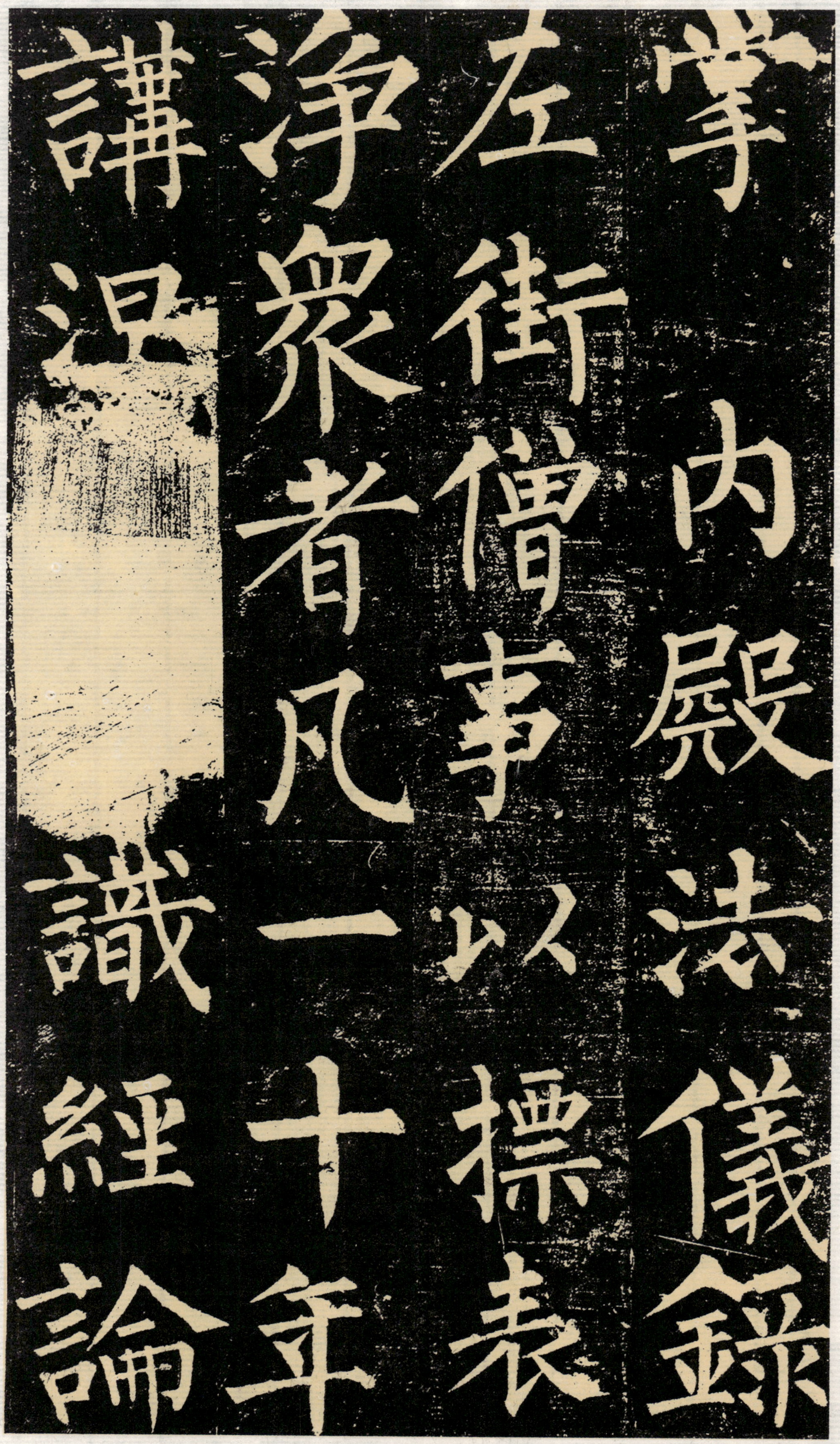

掌内殿法儀，録左街僧事，以標表淨衆者凡一十年，講涅槃、唯識經論，

處當仁傳授宗主
以開誘道俗者凡
一百六十座運三
密於瑜伽契無生

處當仁。傳授宗主以開誘道俗者，凡一百六十座。運三密於瑜伽，契無生

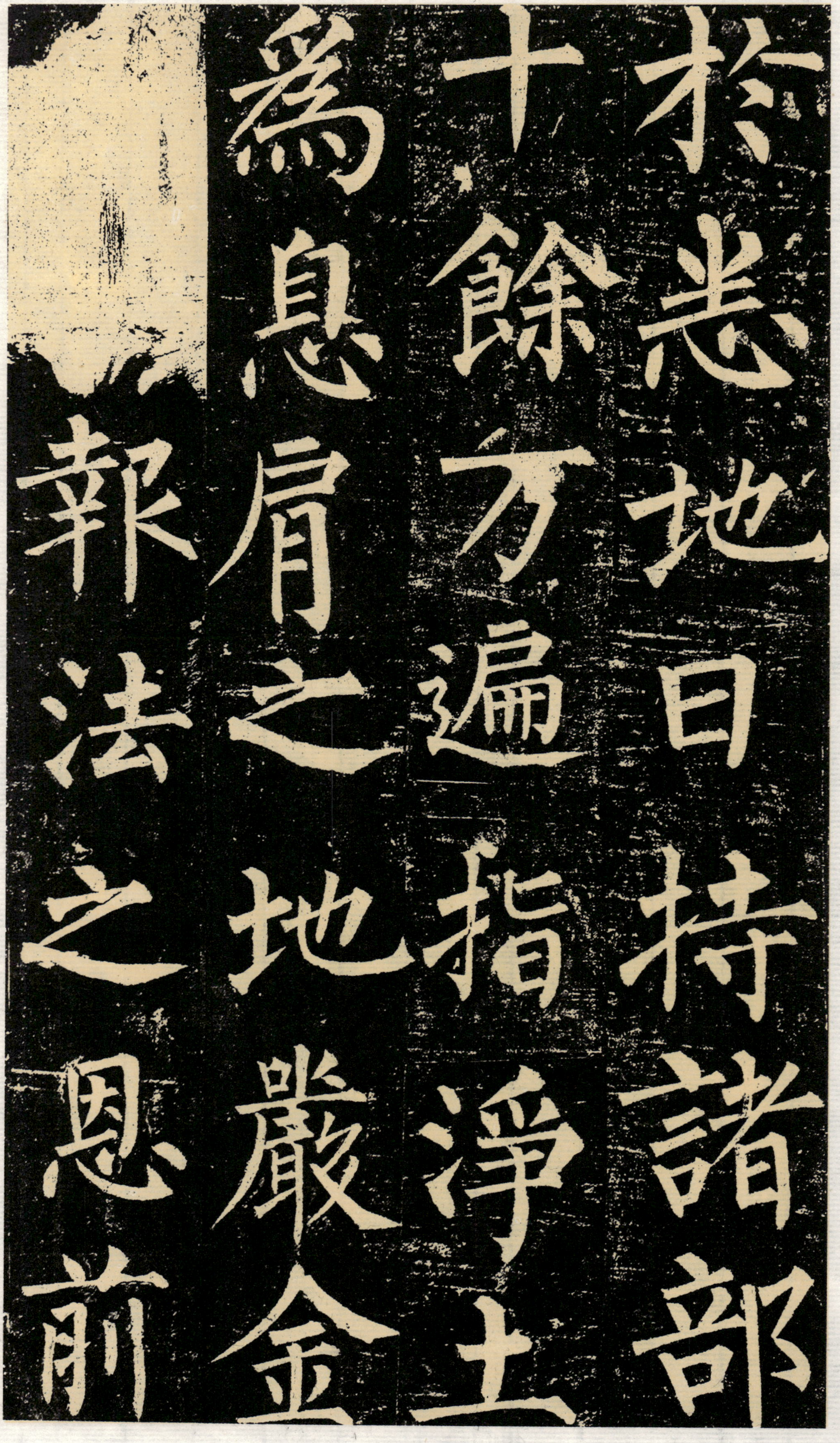

於悉地。日持諸部，十餘万遍。指淨土爲息肩之地，嚴金徑爲報法之恩。前

後供施，數十百万，悉以崇飾殿宇，窮極雕繪。而方丈匡床，静慮自得。貴臣

盛族皆所依慕豪
俠工賈莫不瞻嚮
薦金寶以致誠
端嚴而礼足日有

盛族皆所依慕，豪俠工賈莫不瞻嚮。薦金寶以致誠，仰端嚴而礼足，日有

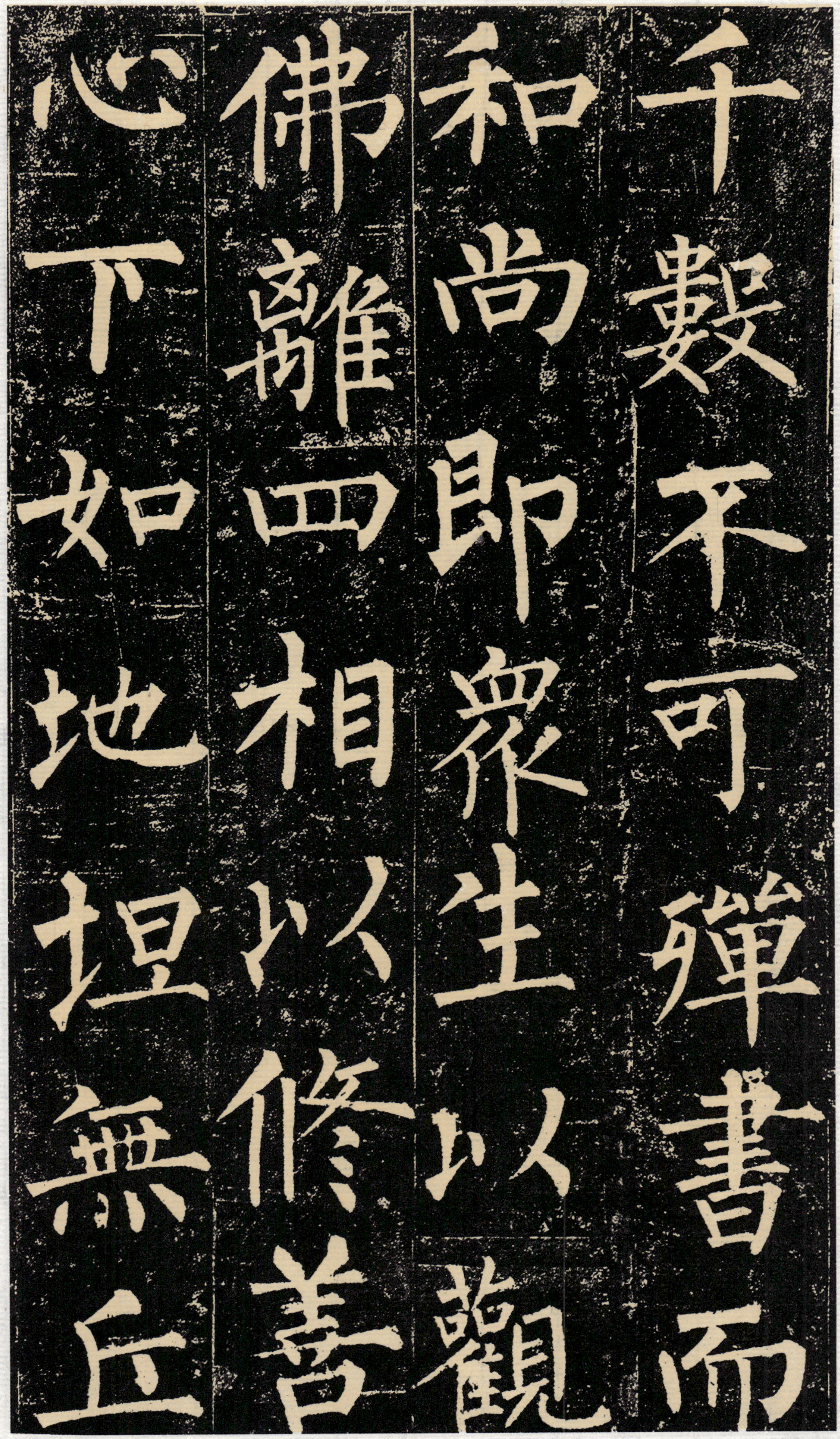

千數不可殫書而和尚即衆生以觀佛離四相以修善心下如地坦無丘

千數，不可殫書。而和尚即衆生以觀佛，離四相以修善，心下如地，坦無丘

陵王公與臺皆以
誠接議者以爲成
就常輕行者唯
和尚而已夫將欲

陵。王公輿臺皆以誠接，議者以爲：成就常[不]輕行者，唯和尚而已！夫將欲

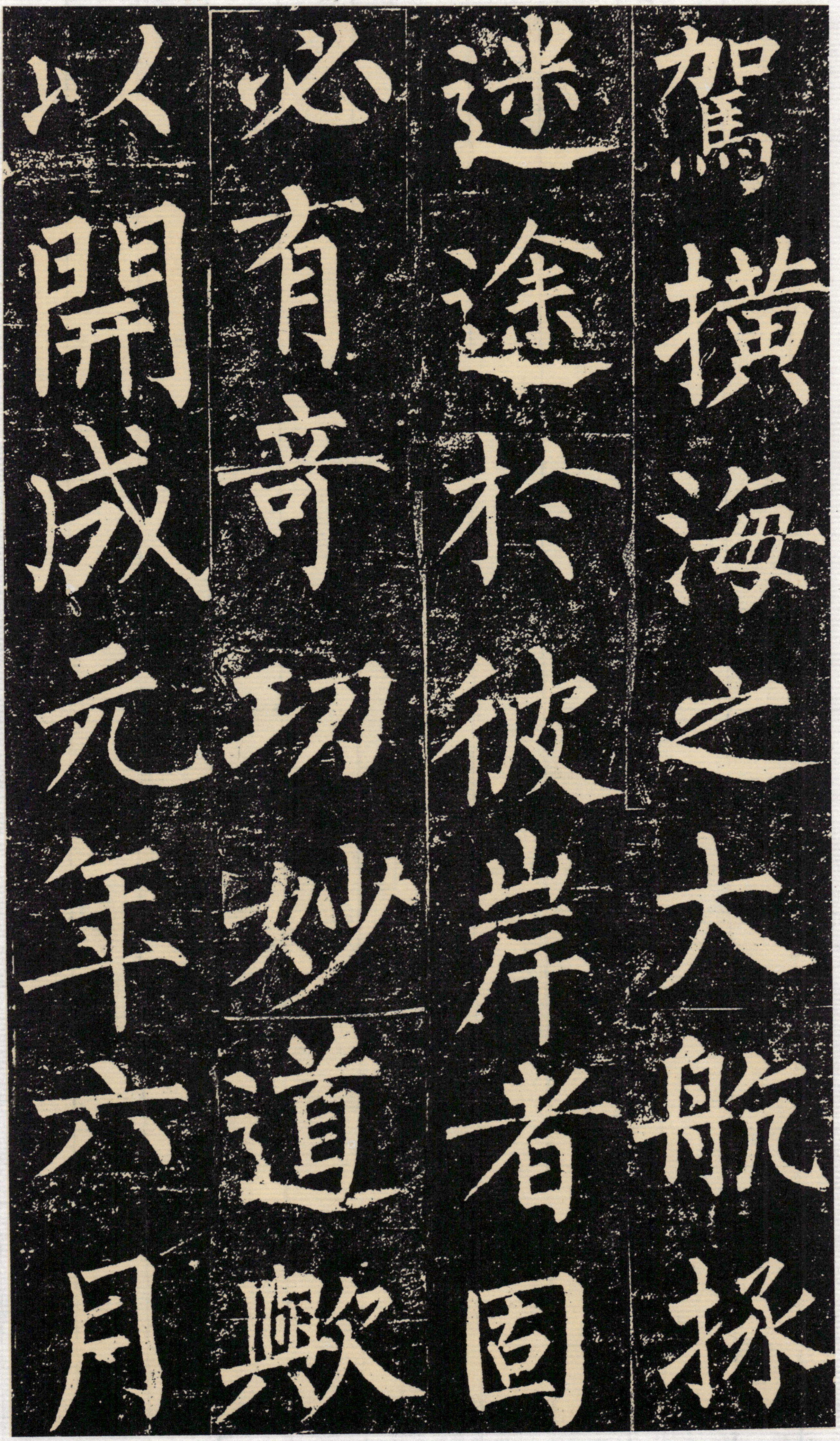

駕橫海之大航，拯迷途於彼岸者，固必有奇功妙道歟？ 以開成元年六月

一日西向右脅而

滅當暑而尊容

生竟夕而異香猶

欝其年七月六日

一日，西向右脅而滅。當暑而尊容若生，竟夕而異香猶欝。其年七月六日，

遷於長樂之南原，遺命荼毗，得舍利三百餘粒，方熾而神光月皎，既燼而

遷於長樂之南原遺命荼毗得舍利三百餘粒方熾而神光月皎既燼而

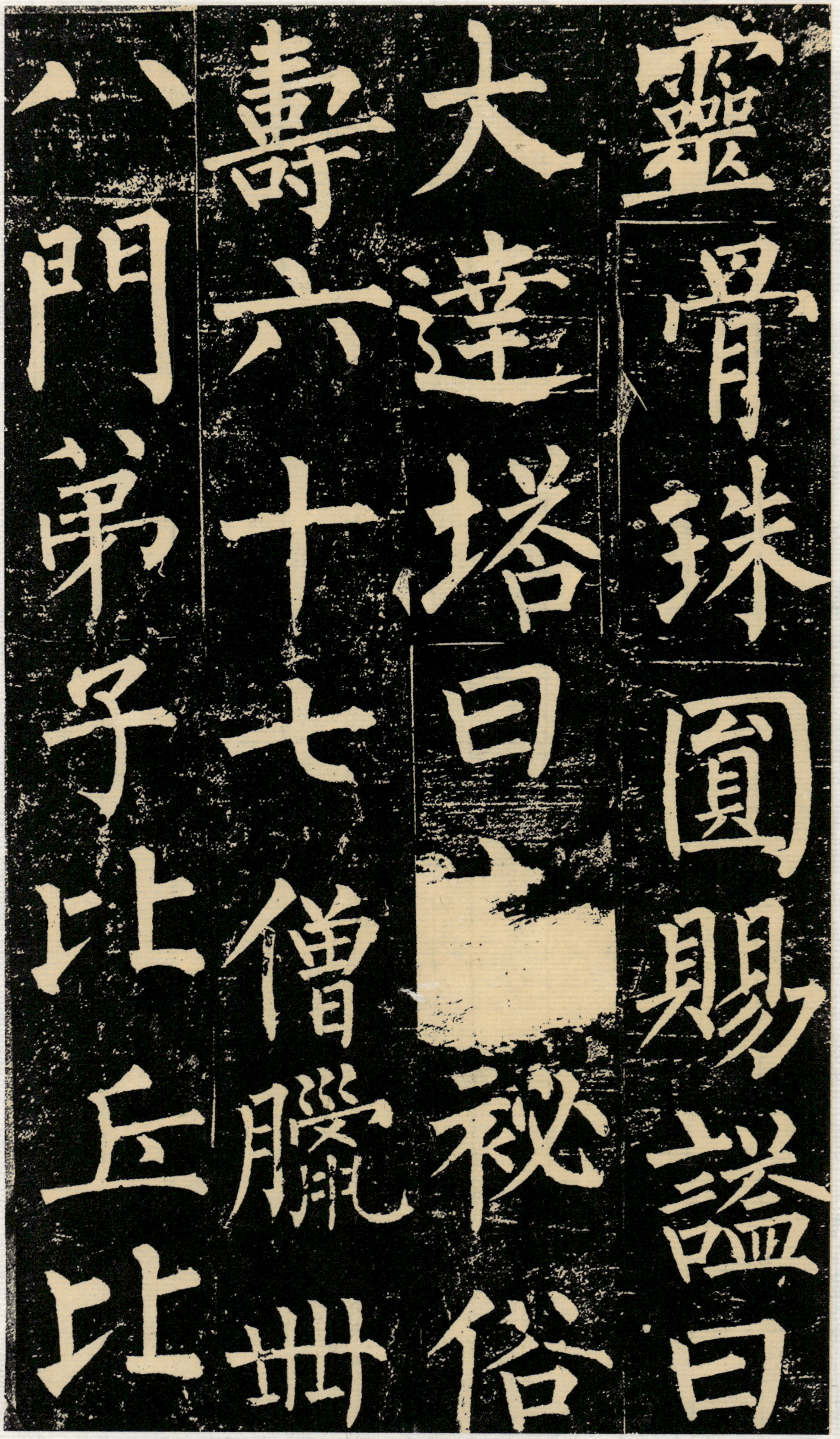

靈骨珠圓。賜謚曰『大達』，塔曰『玄秘』。俗壽六十七，僧臘四十八。門弟子比丘、比

丘尼約千餘輩或綱紀言玄論講大寺脩禪秉律分作人師五十其徒

丘尼約千餘輩，或講論玄言，或紀綱大寺，修禪秉律，分作人師。五十其徒，

皆爲達者於戲
和尚出家之雄
乎不然何至德殊
祥如此其盛也承

皆爲達者。於戲！和尚果出家之雄乎！不然，何至德殊祥如此其盛也。承

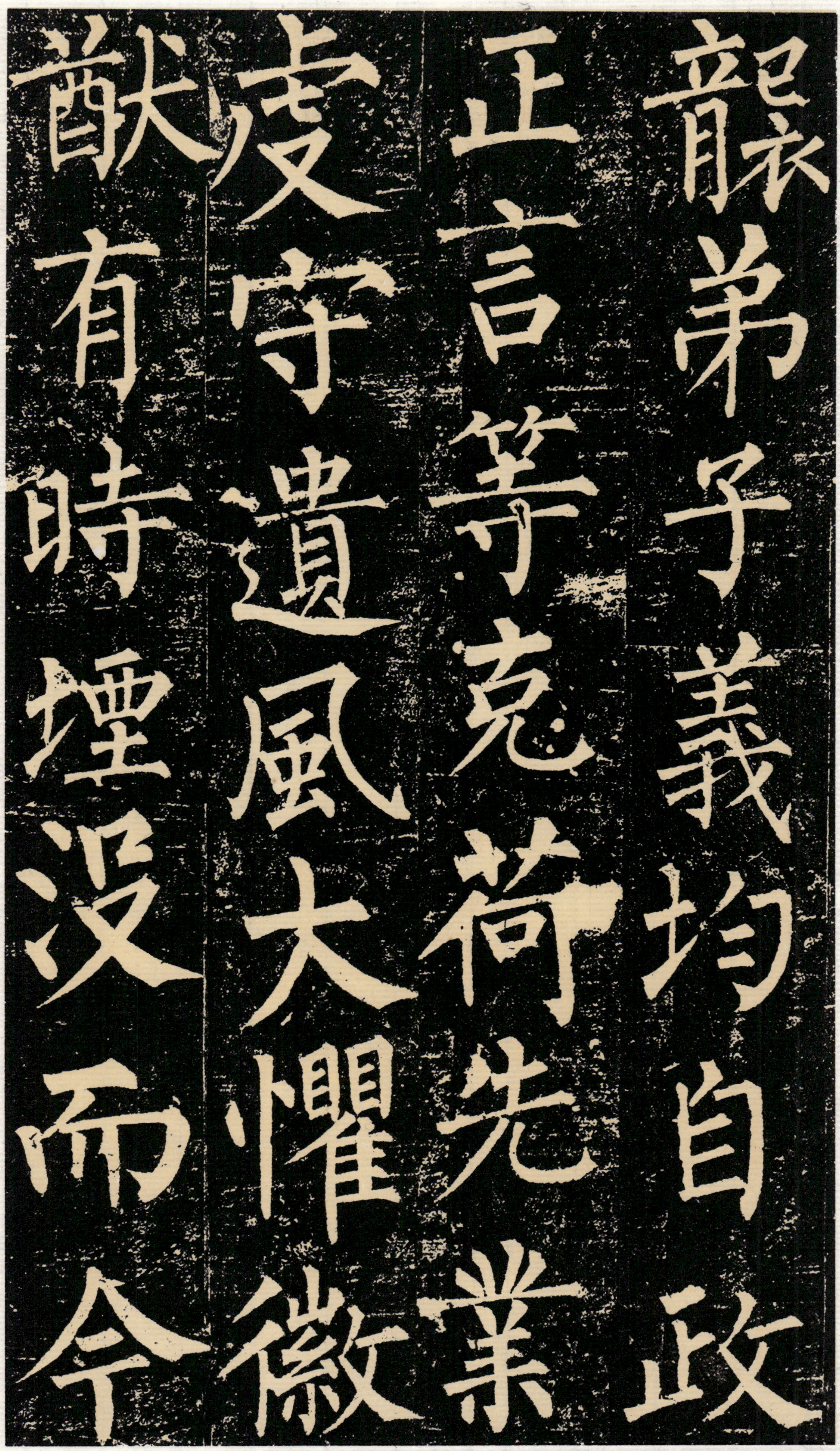

襲弟子義均、自政、正言等，克荷先業，虔守遺風，大懼徽猷，有時堙沒。而今

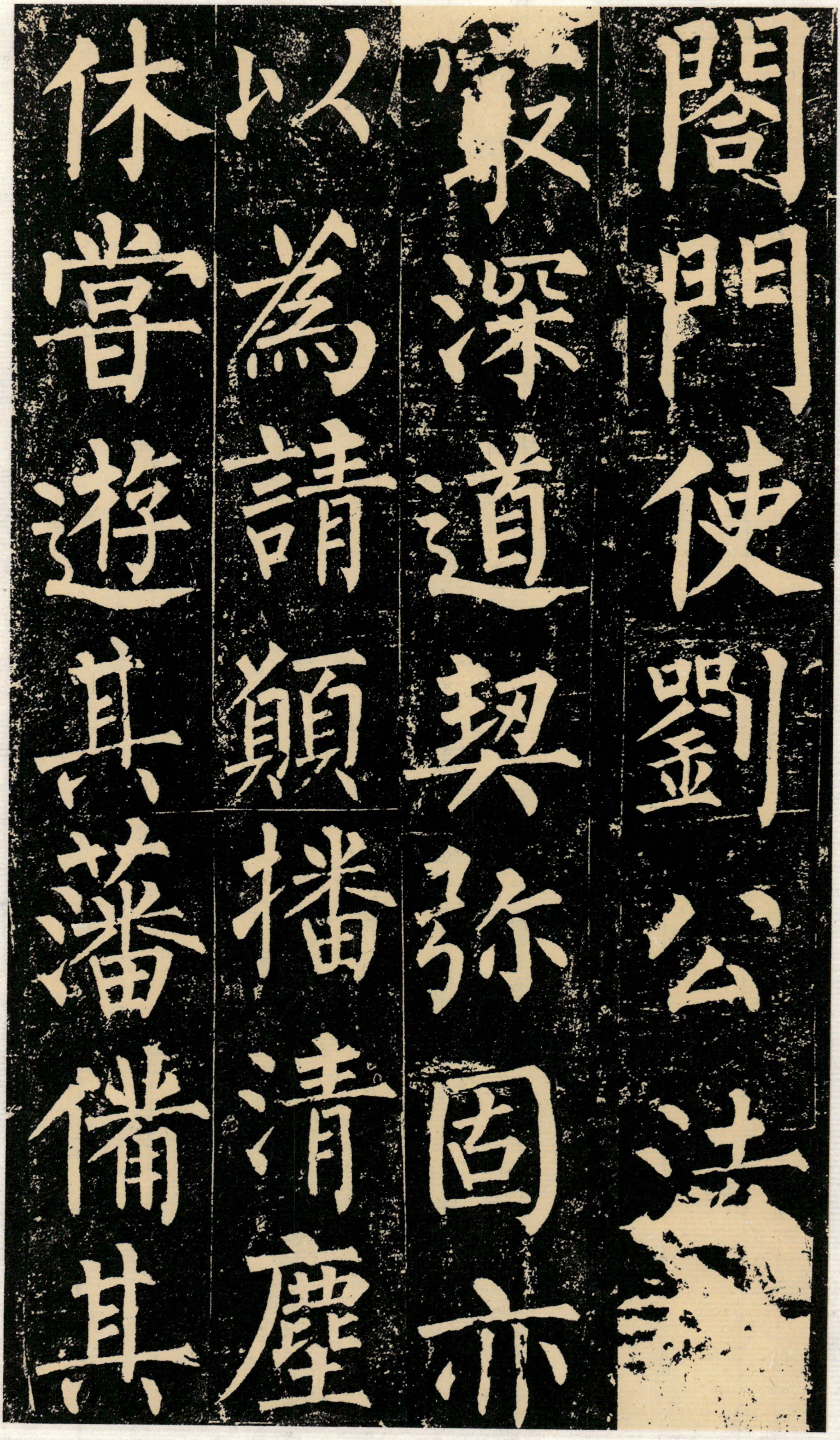

閤門使劉公，法緣最深，道契弥固，亦以爲請，願播清塵。休嘗遊其藩，備其

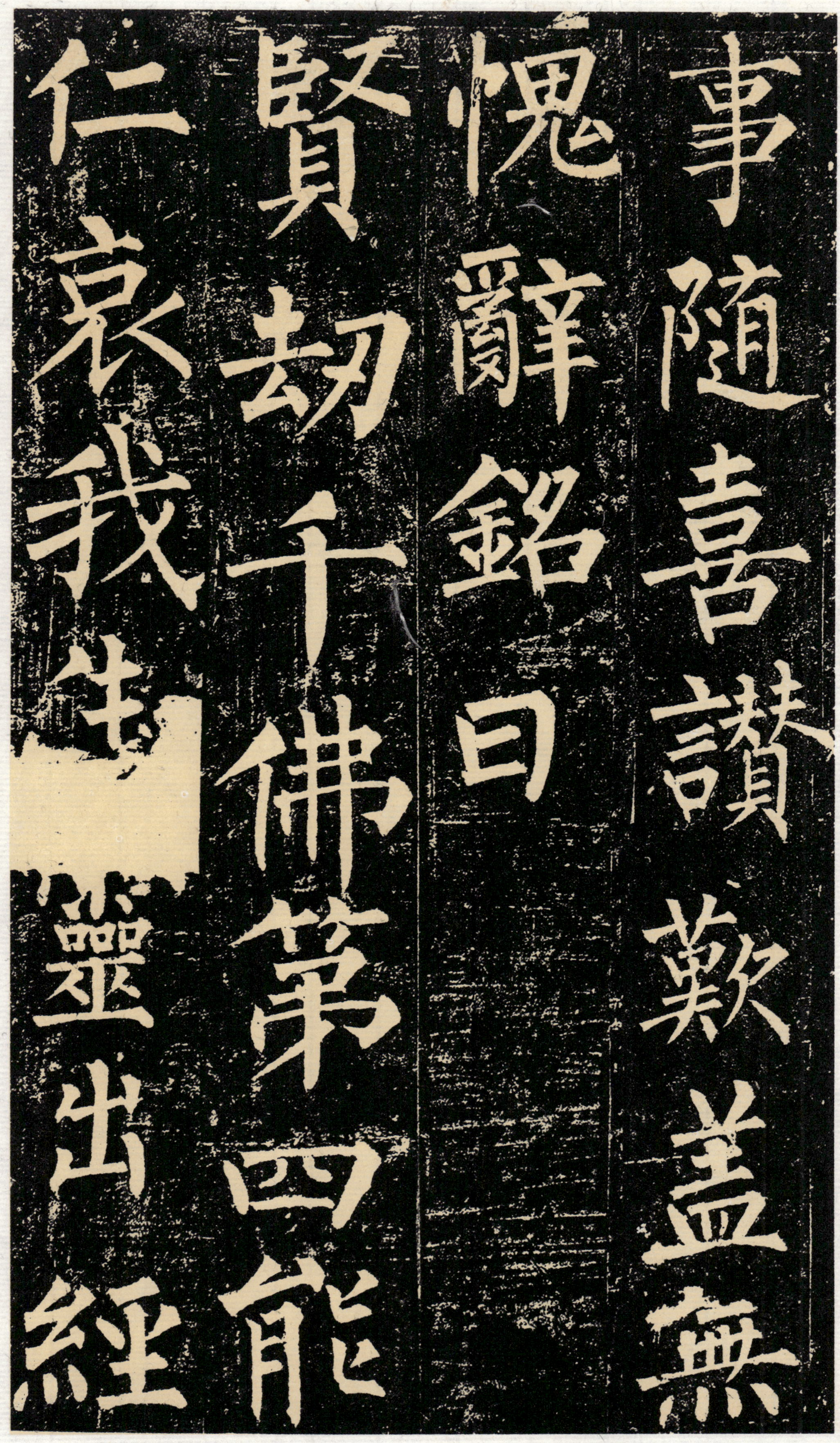

事，隨喜讚歎，蓋無愧辭。銘曰：賢劫千佛，第四能仁，哀我[生]靈，出經

破塵教綱高張孰辯孰兮有大法師如從親聞經律論藏戒定慧學深

破塵。教綱高張，孰辯孰兮。有大法師，如從親聞。經律論藏，戒定慧學，深

淺同源，先後相覺。異宗偏義，孰正孰駁。有大法師，爲作霜雹。趣真則滯，

浅同源先後相覺異宗偏義孰正孰駁有大法師爲作霜雹趣真則滯

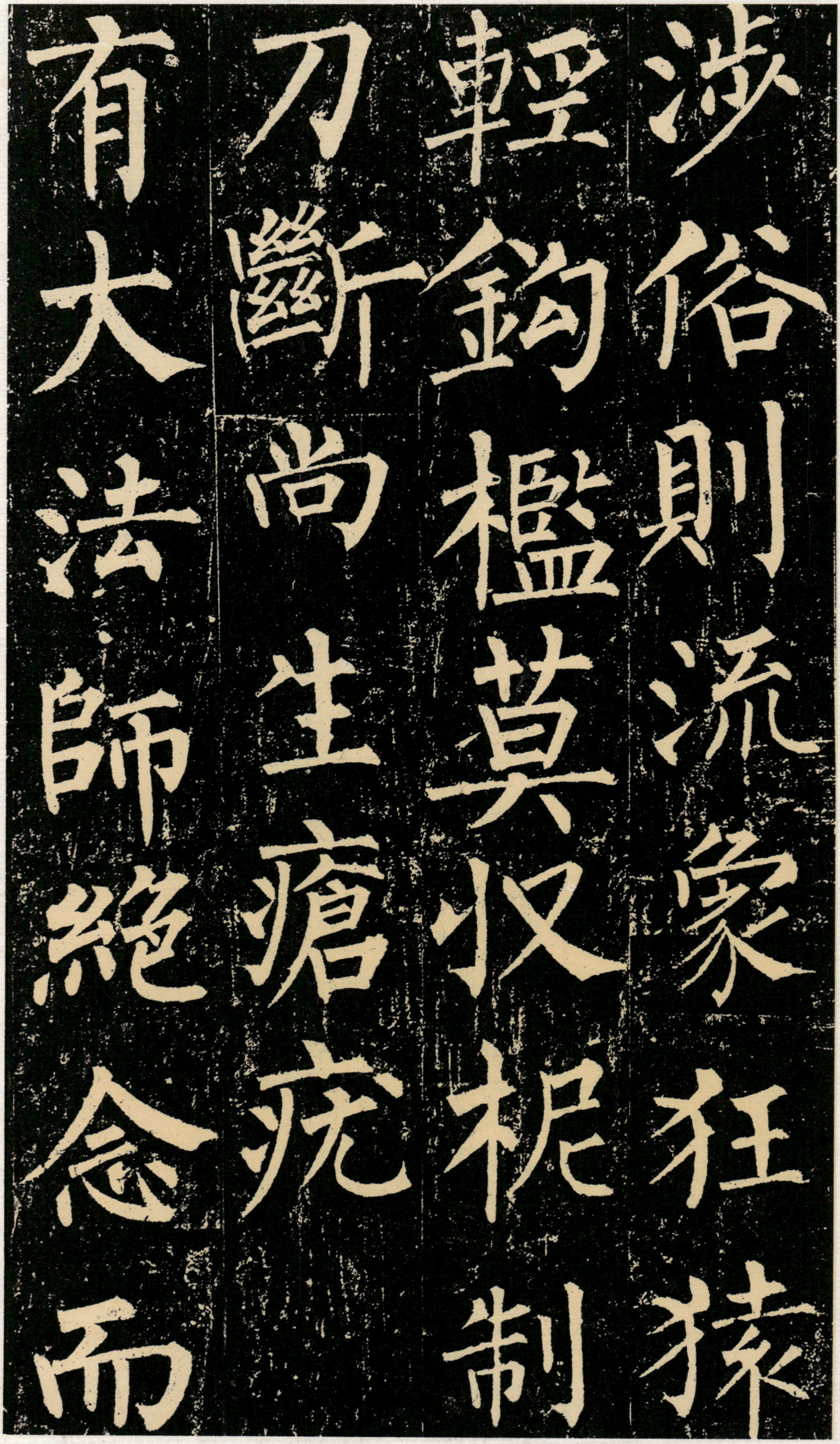

涉俗則流，象狂猿輕，鈎檻莫收。梶制刀斷，尚生瘡疣。有大法師，絶念而

遊
巨唐啓運
大雄垂教千載冥
符三乘迭寵
重恩顧顯闡讃導

遊。巨唐啓運，大雄垂教，千載冥符，三乘迭□。寵重恩顧，顯闡讃導。

有大法師逢時感
召空門正闢法宇
方開崢嶸棟梁一
旦而摧水月鏡像

有大法師，逢時感召。空門正闢，法宇方開，崢嶸棟梁，一旦而摧。水月鏡像，

無心去來，徒令後學，瞻仰徘徊。會昌元年十二月廿八日建。

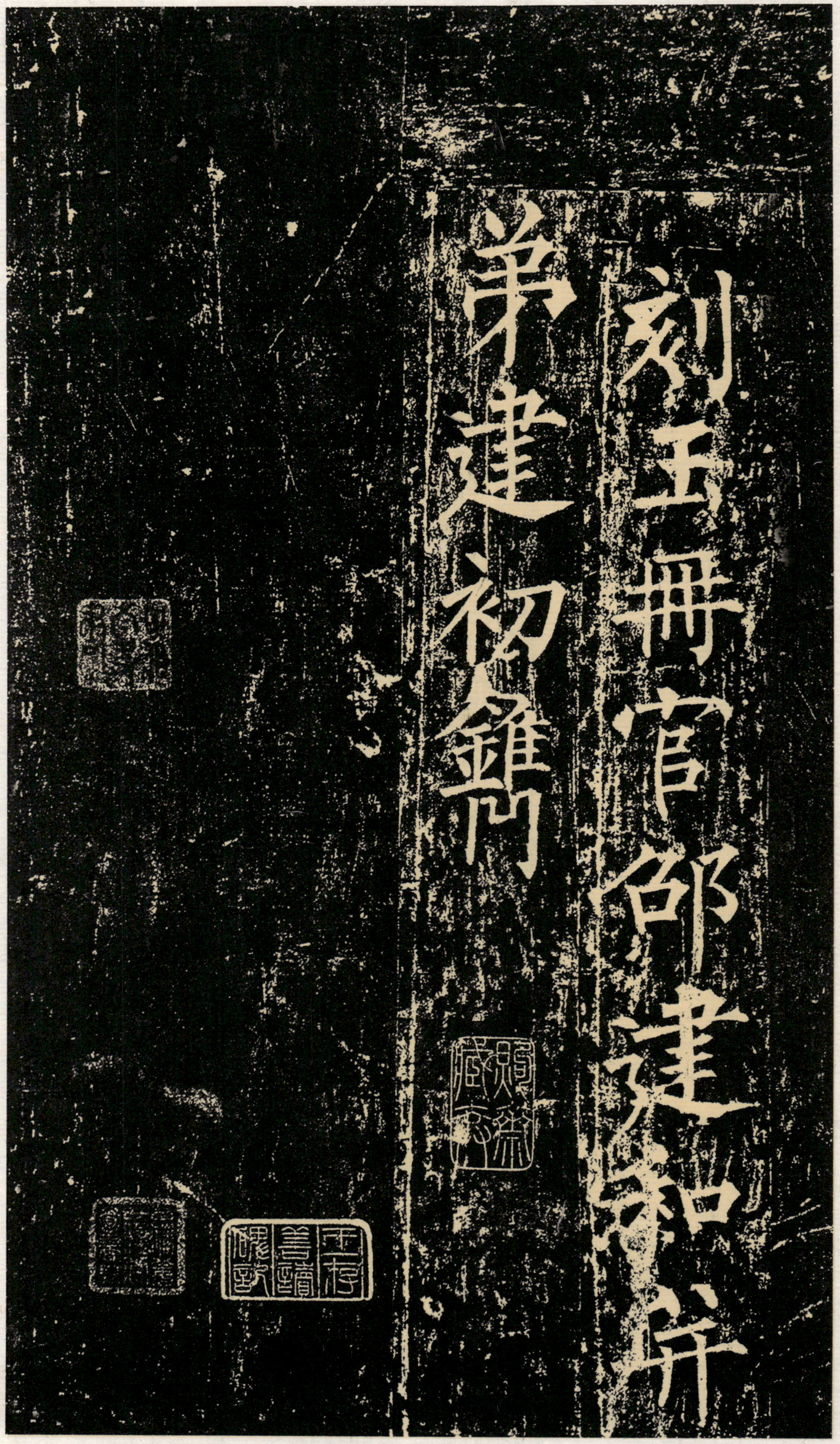

刻玉册官邵建和并弟建初鐫。